BOOSTEZ VOTRE QUOTIDIEN GRÂCE AU VINAIGRE DE CIDRE

CUISINE

BEAUTÉ

LIFESTYLE

Direction : Catherine Saunier-Talec
Responsable éditoriale : Lisa Grall
Éditrice : Jeanne Mauboussin
Écriture en collaboration avec Annabelle Schachmes
Photographies : Annabelle Schachmes
Préparation de copie : Marie-Eve Foutiau
Création graphique et mise en page : Studio Twist
Fabrication : Amélie Latsch
Responsable partenariats : Dana Lichiardopol
(dlichiardopol@hachette-livre.fr)
Responsable de la communication : Johanna Rodrigue
(jrodrigue@hachette-livre.fr)

Dépôt légal : juin 2023
26-8337-6
ISBN : 978-2-01-721625-4

Boostez votre quotidien grâce au vinaigre de cidre

Cuisine

Beauté

Lifestyle

Marina Lemaire

La Maison
hachette
Pratique

SOMMAIRE

19 INTRODUCTION

MATIN 19

AU SAUT DU LIT

PETIT DÉJEUNER

RECETTES

MIDI 91

RECETTES

GOÛTER 121

RECETTES

SOIR 135

It's a
LIFESTYLE,
NOT A DIET

JE NE VAIS PAS TOURNER AUTOUR DU POT :

le vinaigre de cidre est extraordinaire ! Si vous tenez aujourd'hui ce livre entre les mains, je suis convaincue que vous arriverez probablement à cette même conclusion une fois que vous en aurez découvert tous les aspects.

LE VINAIGRE DE CIDRE, C'EST LA VIE !

Sincèrement, depuis quelques années déjà, j'ai passé du temps à décortiquer le vinaigre de cidre, à être à l'affût de tous les contenus publiés à son sujet. J'ai lu un nombre incalculable de documents francophones et anglophones qui lui étaient consacrés. Ma conclusion ? Beaucoup d'entre eux étaient désuets, ennuyeux, infondés ou, avouons-le, un tantinet malhonnête.

Le vinaigre de cidre était auparavant utilisé pour bien des choses : de la conservation des aliments aux soins des maladies les plus coriaces. Bref, il servait pour presque tout. Il aurait également été de la partie lors des petites expéditions de Christophe Colomb pour protéger toute son équipe, et l'un des ingrédients phares de la routine beauté de Cléopâtre. Plutôt sympa comme parcours, non ?

Plus récemment, dans les années 1950, le docteur Clinton Jarvis a fait reparler du vinaigre de cidre. Le nom de ce médecin ne vous dit peut-être rien, mais il s'est fait connaître dans le monde entier grâce à la sortie de son livre, devenu un best-seller : *Folk Medicine* (« La médecine du bon sens », en gros). Dans ses lignes, il analyse la longévité exceptionnelle des habitants du Vermont aux États-Unis, qu'il attribue notamment à la consommation de vinaigre de cidre de façon quotidienne. Il n'a pas été le seul médecin à en faire l'apologie, ils sont des milliers, dont un certain Hippocrate qui en prescrivait à tout va, faisant de cet ingrédient l'un des plus vieux remèdes du monde.

Depuis les publications scientifiques à son sujet se sont succédé. Boire du vinaigre de cidre est une pratique toujours bien répandue en Asie, aux États-Unis et en Nouvelle-Zélande. « Amour, vinaigre et beauté », les plus grandes célébrités de ce monde ne se privent pas d'en parler lorsqu'on les interroge sur leur secret de santé. Scarlett Johansson, Liam Gallagher, Victoria Beckham, Katy Perry, Orlando Bloom… La liste est beaucoup trop longue pour tous les citer.

Pourtant, en France, l'intérêt pour le vinaigre de cidre est loin d'être aussi évident. En commençant à m'intéresser de près au sujet, j'ai pu remarquer que la plupart des avis à son propos était majoritairement méconnaissance, incompréhension, voire dégoût.

Mais pourquoi chez nous, en France, s'est-on affranchi à ce point de son utilisation au fil des ans et de nos connaissances à son sujet ? À mon sens, les explications sont multiples : proposition d'offres nouvelles, apparition de remèdes plus attirants et exotiques, travail des établissements pharmaceutiques… Il faut dire également que les industriels se sont chargés d'enterrer le vinaigre de cidre comme aliment bien-être, en proposant des produits totalement dénaturés et dénués de tout intérêt nutritionnel. Et puis, sémantiquement, rien ne le rend très sexy, avouons-le : « vin aigre ». Bref, au fil des ans, le vinaigre de cidre est devenu ringard et inutile sans qu'aucune marque n'ait œuvrée à préserver sa réputation contrairement à nos voisins du monde entier.

« Plus les remèdes sont anciens, plus ils sont efficaces… Sinon nous les aurions oubliés. »

La découverte du vinaigre de cidre a changé ma vie. Alors je me dois de lui rendre la pareille. Je me suis donc donné pour mission de rétablir la vérité sur son usage et de casser tous les aprioris qui l'ont amené à être trop longtemps relégué au rang des simples exhausteurs de goût. Car je l'assume fortement : il n'y a à mon sens pas d'autres ingrédients dont on ait plus besoin dans nos modes de vie actuels. La richesse de sa composition et les bénéfices à l'utiliser chaque jour sont colossaux et indéniables, et il me tarde que plus personne ne passe à côté.

Mon but est de vous faire découvrir l'extraordinaire pouvoir du vinaigre de cidre pour susciter chez vous l'envie de l'explorer, de lui réattribuer une place d'allié fondamental dans votre quotidien, un compagnon indispensable à avoir toujours près de soi. Tout comme le sport, je pense qu'il nous faudrait plus d'une vie pour faire le tour de ses bénéfices, permettez-moi durant votre voyage dans ce livre de vous en présenter quelques-uns…

Le vinaigre de cidre sera donc le fil rouge de cet ouvrage dédié à votre bien-être au naturel, à une meilleure santé et à une beauté au top (même si vous êtes déjà très beau comme vous êtes !).

Comment ce livre vous accompagnera pour intégrer le vinaigre de cidre dans votre quotidien

Il y a cinq ans, j'ai découvert un livre de vieux remèdes dans lequel ma grand-mère avait surligné quelques bienfaits à base de vinaigre de cidre. Cet ouvrage a tout simplement changé ma vie. Mon ambition n'est pas d'en faire autant pour la vôtre, ce serait un peu prétentieux. En revanche, si je peux contribuer rien qu'un peu à vous rendre la vie plus douce, en vous faisant redécouvrir les différentes façons d'incorporer l'ingrédient de ma vie dans vos routines pour vous faire du bien, ma mission sera accomplie.

À travers ces pages vous découvrirez que le vinaigre de cidre n'est pas un condiment… C'est un mode de vie ! Chaque moment de la journée est propice à un rituel vinaigre de cidre. Il a cette capacité à ouvrir naturellement la voie à l'adoption plus large de nouvelles pratiques nous permettant d'atteindre ce qu'on recherche à peu près tous : se sentir au top.

Ce que je vous propose ici, ce sont des petites astuces, recettes et routines pour un quotidien encore mieux que bien, un quotidien plus doux, plus sain, plus équilibré, plus joyeux, plus cool, en meilleure santé. J'ai pensé ce livre comme un guide bienfaisant dans lequel vous pourrez, je l'espère, en apprendre un peu plus sur des gestes réguliers à adopter et qui font du bien. J'avais envie de proposer avec sincérité et légèreté des rituels bien-être, des habitudes bénéfiques certifiées et approuvées, issues de mes apprentissages, de mon quotidien, et de partager avec vous le savoir des belles personnes que j'ai croisées sur ma route vinaigrée.

Exit la culpabilité : qu'il s'agisse d'une routine complète ou d'un geste de la routine, le vinaigre de cidre, même à petite dose, peut vous faire un bien fou, employé en cosmétique, pour ses bienfaits santé ou comme super aide culinaire. Alors piochez dans ce livre comme dans une bonne boîte de chocolats (mais du chocolat avec du bon cacao et peu de sucre) et sentez-vous libre de tout manger si le cœur vous en dit.

Pour l'écriture de ce livre, la ligne directrice était simple : tout ce qui y est proposé doit répondre à ces trois mots d'ordre utilité, accessibilité et légèreté (sinon nous ne prendrions aucun plaisir ni ne tirerions aucun avantage à l'utiliser au quotidien...).

Je vous fais donc la promesse que vous trouverez dans ces pages des recettes santé, beauté et culinaires vous apportant du réconfort et des solutions réelles, et qui seront ponctuées de jolis clichés qui vous rendront, je l'espère, le voyage encore plus agréable.

Let's dive in (ça veut dire « plongeons ! », mais je trouvais que ça sonnait pas mal en anglais).

COMMENT JE SUIS TOMBÉE DANS LE VINAIGRE DE CIDRE ?

J'ai attaqué les premières lignes en vous livrant directement mes sentiments pour le vinaigre de cidre, sans même vous expliquer qui se cachait derrière ce « je ».

Alors toutes mes excuses, cher lecteur, je suis Marina, et il y a quelques années de cela j'ai arrêté la pilule (vous lisez depuis dix minutes et vous en connaissez déjà beaucoup trop je trouve). J'ai, à la suite de cet arrêt, découvert un corps nouveau que je ne comprenais plus. J'ai développé des problèmes de transit, de digestion et d'acné importante à 25 ans.

Cela me pourrissait la vie, tout simplement. À ce même moment, je me rendais compte que cela faisait trois ans que je poursuivais une carrière professionnelle qui ne me ressemblait pas. Bref, on peut dire que je nageais dans un « immense bonheur » !

Si je m'accommodais tant bien que mal de mes soucis de ventre, mon acné régissait littéralement ma vie. Je touchais chaque matin mon visage pour savoir comment allait se dérouler ma journée. À cause d'elle, je refusais des sorties, dépensais chaque semaine des sommes folles en crèmes et fonds de teint. Et je pleurais... beaucoup. Les problèmes de peau ne sont pas que des petits bobos esthétiques, ils sapent la confiance en soi de la plupart des personnes qui en ont. Mais de cette douce épopée, j'ai tiré une nouvelle philosophie de vie.

« Non, vos problèmes de peau et de digestion ne sont pas liés ; il n'y a pas de preuve scientifique que l'alimentation ait un lien avec l'acné. » C'est ce que me soutenait mordicus la dermatologue qui me suivait. Alors elle me prescrivait des antibiotiques un peu plus forts à mesure que les traitements échouaient. Un jour, j'ai décidé de m'écouter et me suis autorisée à remettre ses dires en question. Je n'avais pas fait le choix d'arrêter de prendre un traitement hormonal pour devoir être sous médicament au quotidien. Naïvement, je me suis demandé pourquoi l'alimentation n'aurait pas d'impact sur ma peau ? Après tout, avec les médicaments, ma dermatologue m'amenait clairement à traiter l'interne pour que l'externe réagisse, non ? Nos chemins se sont séparés et je me suis dit que j'allais essayer d'obtenir une sorte de doctorat en moi-même. Attention, je ne fais pas là le procès de cette si noble profession, c'était seulement une rencontre malencontreuse comme on peut en faire dans tout corps de métier.

J'ai donc commencé à m'analyser. J'ai observé les réactions dans mon corps après chaque classe d'aliment consommé (avais-je plus d'inflammation sur ma peau le lendemain ? Comment se portait mon transit ?, etc.). J'ai notamment découvert que les solanacées (espèces de plantes qui fournissent tomates, aubergines...) n'étaient franchement pas mes copains et que le lait de vache non plus.

Durant ce périple, un jour comme un autre, mon père, ce héros, me tendit un des livres de ma grand-mère. « Ça peut t'intéresser ça, non ? » Dans ce livre à l'odeur caractéristique du grenier, ma grand-mère Adrienne avait surligné tous les bienfaits du vinaigre de cidre (je n'ai pas eu la chance de connaître longtemps mes grands-parents, mais je suis toujours épatée du rôle qu'ils jouent dans ma vie, même après leur départ. Faites attention à tous les signes, ils sont parfois étonnants).

Continuant mon doctorat en moi-même, j'ai donc décidé d'utiliser du vinaigre de cidre en interne et en externe, suivant religieusement les phrases surlignées dans ce vieux bouquin. « Pour les problèmes de peau, une compresse imbibée d'eau et de vinaigre de cidre passée sur le visage. » « Problèmes de digestion : buvez une cuillerée à soupe de vinaigre de cidre dans un verre d'eau après le repas. » Ces deux rituels ont changé ma vie à jamais !

Mes problèmes d'acné ont commencé à disparaître en trois jours, ma digestion s'est améliorée de façon quasi instantanée. Aujourd'hui, mon ventre est devenu mon meilleur ami et j'ai une peau lisse comme les fesses d'un bébé. Qu'on se le dise : je ne suis pas là pour vous vendre du rêve, mais ces conseils simplissimes ont eu l'effet d'un raz de marée dans ma vie. Il se peut aussi que le vinaigre de cidre soit une déferlante positive immédiate dans la vôtre, aussi, ou qu'il vous faille plus de temps, et ça tombe plutôt bien, je suis là pour vous accompagner à travers ces lignes !

J'ai commencé à propager la bonne parole dans toute ma famille : « BUVEZ DU VINAIGRE ! »

Mon père, diabétique, s'étonnait que ses taux de sucre dans le sang soient bien inférieurs quand il buvait du vinaigre. Ma maman, sous traitement antibiotique à vie et qui avait un transit pas mal perturbé, se portait bien mieux. Puis mes oncles, mes tantes, mes amis s'y sont mis et surtout ont continué d'en prendre !

Medley des phrases entendues en réponse à mon « Ça te fait du bien le vinaigre de cidre, alors ? » : « Je stagnais, je n'arrivais plus à perdre de kilos, et depuis que j'en prends j'ai reperdu du poids », « j'ai dégonflé », « je sens moins mon arthrose », « j'avais des calcifications dans les seins, je n'en ai plus... Tu crois que ça peut être lié ? », « je digère mieux, c'est sûr, mais tu crois que ça fait un truc aussi sur le cholestérol ? », « je peux le prendre contre l'eczéma ? »...

Alors j'ai commencé à me renseigner de façon plus assidue, et c'est à ce moment-là que j'ai fait plusieurs constats surprenants :

1. ***Le vinaigre de cidre le plus utilisé en France pour ses bienfaits santé était un vinaigre de cidre américain.***
2. ***Peu d'informations françaises sérieuses figuraient au sujet du vinaigre de cidre, tandis qu'une bibliographie colossale existait aux États-Unis.***
3. ***Des tas d'études scientifiques avaient été réalisées à son sujet dont une méta-analyse (une étude qui compile les résultats de plusieurs études arrivant à la même conclusion = haute reconnaissance dans le domaine scientifique).***
4. ***Les vinaigres de cidre à trois euros au supermarché étaient infects et surtout n'avaient que très peu d'intérêt nutritionnel...***

De ces constats, j'ai pris une décision : j'allais faire en sorte que tout le monde boive du vinaigre de cidre au quotidien en créant une entreprise spécialisée dans ses bienfaits. Mon objectif serait simple : partir d'un vinaigre de cidre brut, le meilleur possible, garant de tous les bienfaits qui lui étaient attribués, en ne travaillant qu'avec de petites fermes de ma Normandie, aussi authentiques que celle de mon grand-père. Accompagner les gens à se sentir bien au quotidien, c'était ce à quoi j'aspirais et j'y étais !

ET SI JE VOUS AIDAIS À BIEN CHOISIR VOTRE VINAIGRE DE CIDRE !

Tous les vinaigres de cidre ne se valent pas. On admet volontiers qu'un vin puisse coûter de 1 à 100 000 euros la bouteille, mais lorsqu'il s'agit de la qualité du vinaigre de cidre, il est parfois difficile de faire admettre qu'il existe des vinaigres de cidre bas de gamme et des vinaigres de cidre d'exception. Alors voici quelques exigences que vous devez avoir pour être certain de faire le bon choix. Pas d'inquiétude, vous pourrez trouver toutes les qualités d'un bon vinaigre de cidre sans casser votre plan d'épargne-logement !

EXIGENCE 1 :
non pasteurisé

La pasteurisation est un processus de chauffe visant à tuer les bactéries nocives. Toutefois, ce procédé tue également les bonnes bactéries. C'est une hérésie de pasteuriser le vinaigre puisque, par définition, c'est un antibactérien naturel. Pasteuriser le vinaigre est toutefois devenu la norme pour les produits industriels car cela permet tout simplement de garantir une stabilité du produit. Produit plus stable, pas de variation d'aspect (couleur et dépôts), plus sexy pour le consommateur. L'équation retenue par les industriels donc, mais, pour nous, un vinaigre de cidre à l'aspect lisse = moins de bénéfices.

EXIGENCE 2 :
non filtré avec la présence de la mère du vinaigre

L'aspect résiduel d'une mère de vinaigre (sorte de petits dépôts au fond de la bouteille) dans tout vrai et bon vinaigre qui se respecte peut être surprenant de prime abord. Ces dépôts garantissent que le produit est bien vivant et que vous ne serez pas lésé sur la présence des bienfaits qui lui sont alloués.

MAIS C'EST QUI SA MÈRE ?

La mère du vinaigre est une sorte de pellicule qui se forme lors du second processus de fermentation, lorsque l'alcool du cidre se transforme en acide acétique (elle est semblable à une grosse peau de mouton qui émerge en surface du liquide... Bon, ceci est ma représentation, tous les producteurs de bons vinaigres iront de leur propre image). Lorsqu'on pasteurise le produit, on tue la mère pour qu'elle ne se reforme pas. Je milite personnellement pour que les vinaigres

A RESSORTIR DANS UN DINER MONDAIN :

C'est Louis Pasteur qui a nommé pour la première fois en 1865 la bactérie responsable de la transformation de l'alcool en acide acétique : l'acétobacter.

de cidre proposés soient les plus authentiques possibles, quitte à ce qu'une écume se reforme dans la bouteille (et qu'on arrête de tuer la mère, enfin !).

EXIGENCE 3 :
biologique mais vraiment bio-lo-gique !

La pomme, le fruit préféré des Français. Selon Greenpeace, elle est aussi le fruit le plus traité et subit en moyenne pas moins de 35 traitements phytosanitaires, des herbicides aux fongicides en passant par les insecticides. Une étude a révélé que la variété de bactéries présente dans un vinaigre de cidre biologique est significativement plus importante que celle d'un vinaigre de cidre conventionnel et industriel. De l'importance de veiller à choisir un vinaigre biologique et de bien avoir en tête qu'il y a bio… et bio.

Je vous préviens, cher lecteur adoré, nous partons là pour quelques lignes un tantinet plus virulentes tant ce sujet me tient à cœur. Mais si vous êtes ici, il est probable que vous soyez intéressé par le fait de consommer mieux et d'en apprendre davantage sur les remèdes naturels. Alors il est important pour moi de prendre le temps de vous parler du bio.

DE L'IMPORTANCE DE SAUVER NOS CAMPAGNES

En trente ans de vie passés dans ma Normandie, j'ai vu les paysages changer drastiquement. À l'instar de tous les centres commerciaux qui ont fleuri en périphérie des grandes villes, nos campagnes se sont uniformisées. Les champs dans lesquels broutent les vaches rousses, blanches et noires (sur lesquelles tombent la pluie… Stone et Charden, 1973… Pardon, je n'ai pas pu m'en empêcher) se sont raréfiés au profit de parcelles immenses et d'hectares à perte de vue de pommiers parfaitement alignés.

Le ministère de l'Agriculture avait relayé l'information suivante : plus de 200 fermes disparaissent chaque semaine en France… Les plus gros exploitants rachètent les petites fermes voisines afin d'augmenter sans cesse la taille de leurs exploitations pour maximiser toujours un peu plus leur rendement en industrialisant. Au-delà de l'appauvrissement de l'écosystème que cela implique fatalement, c'est un savoir-faire qui disparaît progressivement et l'amour des terres avec lui. Tenter de s'approvisionner au maximum auprès de producteurs indépendants, c'est faire en sorte que subsistent les petites exploitations et préserver la beauté de nos campagnes. Dans mon entreprise, nous avons établi un cahier des charges pour le choix de nos producteurs : la taille de l'exploitation, la proportion de pommiers hautes tiges et des variétés de pommes utilisées en sont les principaux critères. Un autre critère important concerne l'agroécologie : des bêtes présentes dans l'exploitation qui « s'occupent » des vergers. Si les bêtes sont elles aussi nourries en bio, il est fort probable que le producteur soit dans une démarche biologique engagée et non pas uniquement motivée par une opportunité marketing et les aides allouées...

Je vous invite, cher lecteur, à être vigilant quant aux labels se revendiquant « respectueux de l'environnement » ou « raisonnables ». Souvent seul un faible investissement écologique est nécessaire pour les obtenir et ne garantit en rien une qualité de produit similaire à un vrai engagement écologique.

EXIGENCE 4 :
sa provenance

D'où proviennent les pommes de votre vinaigre ? Est-il fait à partir de différentes variétés ? Comment cet assemblage a-t-il été choisi ? Pour assurer une richesse d'apports et faire de votre vinaigre de cidre un cadeau pour votre microbiote, il est important de choisir un vinaigre de cidre issu de variétés diverses et d'un bocage de qualité (préservé de la pollution, loin de toutes zones industrielles et commerciales).

EXIGENCE 5 :
son goût

Le vinaigre de cidre ne fera jamais de bien à votre santé si vous n'aimez pas son goût... tout simplement car vous ne voudrez jamais en consommer. Alors exigez d'avoir un produit de qualité pour que vous preniez plaisir à le boire. Il a un goût caractéristique, évidemment, et quelques petites astuces existent pour les plus réticents, même pour la Rolls-Royce des vinaigres. Fuyez cependant ceux dont seul l'aigreur vous saute au nez.

Maintenant que les bases ont été posées, je vous propose de partir à la découverte d'une journée rythmée par les usages du vinaigre de cidre et l'envie de prendre bien soin de vous.

MATIN

On s'attaque au plus important et on va se le répéter distinctement, car c'est une affirmation puissante et de grande valeur : « La qualité de ta journée dépend de la façon dont tu as décidé de l'attaquer au réveil. » En d'autres termes, si tu te lèves avec de bonnes intentions, tu te coucheras avec satisfaction.

AU SAUT DU LIT

AU SAUT DU LIT

Éloge de la lenteur, nettoyage parfait et hydratation au top : partons explorer les façons dont le vinaigre de cidre vous accompagnera pour démarrer la journée du bon pied.

Ce que je vous propose ici, c'est de vous lever avec ce réflexe que nous devrions tous avoir : honorer notre corps en le nettoyant correctement ! Cela fait longtemps que je me suis passée de cet horrible réflexe de prendre instantanément mon téléphone au réveil. Vous pouvez le faire aussi : *switcher* pour une nouvelle habitude ultra-bienfaisante. Alors on court dans la cuisine attraper de quoi chouchouter tout son organisme sans attendre !

Une bonne journée commence par une bouche bien lavée !

Pour débuter, je vais vous parler d'une pratique ancestrale ayurvédique, qui peut sonner un peu comme un « remède de hippie » mais qui, je vous assure, vous apportera un vrai gain (le avant/après sur vos sensations est réel, promis) :

Débuter par un bain de bouche à l'huile

Il est vraiment très important de ne pas négliger la sphère buccale si vous souhaitez prendre soin de votre corps dans sa globalité. En ayurvéda, le bain de bouche à l'huile est décrit comme un moyen simplissime et efficace pour assurer une bonne santé et booster sa longévité.

Saviez-vous que des infections orales pouvaient être le nid d'un grand nombre de maladies cardiovasculaires, bactériennes et même musculaires ? Oui, oui, oui. Il est établi depuis un bon nombre d'années maintenant que la qualité du microbiome (bactéries présentes dans notre organisme) régit notre santé globale. La bouche étant l'une des grandes portes d'entrée de nos bactéries, la science s'intéresse de près à l'hygiène buccale et notamment aux bains de bouche à l'huile pour prévenir l'apparition de certaines maladies.

Quel est le bénéfice majeur et immédiat que vous pouvez attendre d'un bain de bouche d'huile ? Simple : la sensation d'une bouche « légère », propre, lavée de toutes ses impuretés. Dès le réveil, je vous promets qu'avec ce simple geste, vous vous sentirez frais comme la rosée du matin.

J'ai préféré les mots d'une amie : *« J'ai l'impression que les toxines sont restées coincées et sont parties avec l'huile, c'est fou ! »* à de plus grandes explications, pour vous illustrer la force de ce rituel.

C'est aussi un remède très plébiscité pour ceux souffrant d'halitose (mauvaise haleine).

Le bain d'huile est mentionné dans le texte ayurvédique *Charaka Samhita* comme pouvant guérir plus de trente problématiques : des problèmes digestifs aux maux de tête en passant par l'asthme... et même faire revenir l'être aimé (mais de ce côté-là, restons prudent).

Blague à part, comment fait-on pour profiter de ses réels bienfaits ?

On commence par mettre en bouche une bonne cuillerée à soupe d'huile et on tient cinq minutes en la faisant circuler dans la bouche, puis on recrache (dans les toilettes, car à terme, cela risquerait de boucher l'évier).

L'huile recrachée doit être totalement blanche. Si elle est jaune (ou proche de sa couleur de base), c'est tout simplement que vous ne l'avez pas gardée assez longtemps en bouche, c'est donc reparti pour un tour.

On choisit une huile qu'on aime, d'une marque dont on se sent proche, avec un packaging qui nous plaît. C'est idiot, mais encore une fois, lorsqu'on souhaite garder ses bonnes habitudes, la notion de plaisir n'est pas un détail.

Dans le top 3 de mes huiles préférées pour le bain de bouche à l'huile (ou* oil pulling *pour les anglophones), se placent :

→ ***L'huile de lin :*** jugée excellente pour réduire les gingivites.

→ ***L'huile de sésame :*** traditionnellement la plus utilisée, considérée comme la reine des huiles en ayurvéda, son goût est très agréable en bouche.

→ ***L'huile de coco :*** elle est la plus généralement utilisée pour cette technique. Chauffez-la légèrement avant de la mettre dans la bouche pour la réduire à l'état liquide.

Se familiariser avec le gratte-langue !

Après avoir procédé à son bain de bouche, c'est parti pour se racler la langue sans appuyer comme un forcené. On y va tout doucement. On l'utilise pour enlever les bactéries nocives qui seraient restées accumulées sur vos papilles.

Vous connaissez la musique : on choisit un joli gratte-langue (si, si, ça existe) et peu importe le matériau choisi, l'essentiel est de bien suivre les instructions pour le nettoyer après usage.

Faites ça pendant deux semaines, votre haleine vous remerciera, promis... Enfin, votre entourage... Enfin, tout le monde sera content. Il est important de souligner qu'une étude de 2017 a relevé que les participants ayant utilisé le gratte-langue pendant quatre semaines avaient noté des changements notables sur leur transit intestinal (en plus de leur hygiène dentaire). La bouche est l'une des portes d'entrée des toxines dans notre corps.

PRENONS GRAND SOIN
DE NOTRE BOUCHE,
DE NOTRE SALIVE À NOTRE LANGUE,
EN PASSANT PAR NOS DENTS.
C'EST TOUT NOTRE CORPS
QUI NOUS EN REMERCIERA.

archie
VINAIGRE
de CIDRE
AVEC SA MÈRE
200 ml

Adopter l'ultime gargarisme antibactérien

Pour préparer un bain de bouche hyper puissant, rien de plus simple : ajoutez une cuillerée à café de vinaigre de cidre diluée dans un verre d'eau et faites des gargarismes pendant une minute.

Vous pouvez *pimper* votre préparation avec des huiles essentielles pour renforcer encore plus son action antibactérienne. Parmi mes favorites :

→ ***L'huile essentielle de persil*** *(4 gouttes dans un grand verre d'eau + vinaigre de cidre) :* ultra-efficace pour lutter contre la mauvaise haleine et réputée pour ses propriétés neurotoniques.

→ ***L'huile essentielle de clou de girofle*** *(3 gouttes dans un grand verre d'eau + vinaigre de cidre) :* parfaite si vous avez des saignements de gencives.

Attention, on ne prépare pas son bain de bouche à l'avance pour éviter l'oxydation et on se rince la bouche avec de l'eau après cette pratique pour éviter d'altérer l'émail dentaire.

Le brossage des dents

Pas besoin d'explications complémentaires, le brossage des dents après chaque repas reste la base.

Le saviez-vous ? Il est extrêmement important de penser à nettoyer sa brosse à dents régulièrement avant de la changer (tous les trois mois). Le milieu humide de la salle de bains et un mauvais rinçage peuvent amener à l'incrustation de microbes et de bactéries dans votre brosse. Pour éviter cela, vous pouvez la plonger durant une minute dans un verre rempli d'une solution identique à votre bain de bouche au vinaigre de cidre. Son action antibactérienne sera tout aussi efficace sur elle ! Terminez par un rinçage de votre brosse à dents à l'eau brûlante.

RITUEL 2

BOIRE DÈS LE RÉVEIL

S'hydrater le matin est terriblement important !

Nous sommes composés d'environ 65 % d'eau. C'est beaucoup. Nos fonctions cognitives, notre cœur, nos organes, nos muscles... Bref, tout en nous dépend de l'eau que nous contenons. La quantité d'eau que nous devons boire chaque jour dépend, elle, de notre poids, de notre environnement, de nos activités, et oscille grossièrement entre 1,5 et 2,5 litres par jour.

Une nuit, en théorie, c'est long... Prenons une nuit de huit heures, par exemple. Ce sont huit heures pendant lesquelles nous allons respirer, transpirer,

produire de l'urine et ne pas nous hydrater. Il est en général admis que 5 % de notre poids est perdu le matin au réveil – ce n'est pas miraculeux, c'est juste l'effet de la déshydratation. Mieux vaut donc partir avec un stock d'eau déjà optimal dans le corps avant d'aller au lit (pas en surquantité non plus, pour éviter le pipi nocturne qui dérange tout le monde, nous en premier). À noter : si vous n'avez pas envie d'uriner le matin au réveil ou si votre urine est très foncée, vous vous êtes probablement couché déjà déshydraté.
Alors le matin, avant même de réfléchir, on avale un verre d'eau pour remettre la machine en route !

Top 3 des raisons pour lesquelles un grand verre d'eau avec une cuillerée de vinaigre de cidre est si précieux à jeûn le matin :

→ ***1. Eau + vinaigre de cidre = détox***
Prendre son vinaigre de cidre le matin au réveil agira telle une détox. Vous savez, ce petit mot galvaudé sous lequel nous pouvons mettre un peu ce que nous voulons. Mais entendons détox au sens d'une « aide au nettoyage ». Le corps est une machine bien faite qui n'attend personne pour se débarrasser des toxines. En revanche, nous aurions tort de penser que nous ne pouvons rien faire pour aider ce processus naturel. En aidant à réguler le transit intestinal, en apportant de bonnes bactéries à notre estomac et des milliers de bons nutriments en pagaille, boire une cuillerée à soupe de vinaigre de cidre le matin nous permet de remettre la machine en route d'une façon optimale. De plus, en relançant le processus d'hydratation, cela fera transiter toutes les « choses » plus rapidement.

→ ***2. Eau + vinaigre de cidre = bien mieux que le café du matin***
Le café est excellent à plusieurs points de vue… Mais il n'empêche que commencer sa journée avec lui d'entrée de jeu n'est pas la meilleure des idées. Premièrement à cause de son effet diurétique (qui n'est pas une mauvaise chose en soi, mais qui, si vous avez tendance à la déshydratation, n'est pas idéal). Deuxièmement, le café va booster rapidement votre niveau de cortisol (hormone du stress qui énergise). Plus le cortisol est élevé et plus il va faire évoluer à la hausse votre glycémie. Cela sera évidemment variable selon les individus, mais c'est vraiment à prendre en compte. Il est donc préférable d'opter pour un réveil en douceur, ne serait-ce que pour ne pas trop brusquer notre horloge interne… On y reviendra. Dans le doute, on s'abstient, pour ne pas commencer la journée sur les « mauvais » chapeaux de roue, et on attend deux heures après le réveil pour cette première dose de caféine.

→ ***3. Eau + vinaigre de cidre = limiter les dégâts du petit déjeuner sur la glycémie***
Une cuillerée à soupe de vinaigre de cidre diluée dans l'eau diminue jusqu'à 30 % l'impact glycémique du repas suivant. C'est colossal et c'est l'un des intérêts majeurs de la consommation du vinaigre de cidre pour votre santé. Nos petits déjeuners *made in* France sont souvent une bombe glycémique,

alors ce réflexe dès le matin, vous permettra de limiter grandement les dégâts des viennoiseries ou du pain-beurre-confiture qu'on aime tant. Si vous souhaitez de nouvelles idées et revoir votre façon d'aborder le petit déjeuner, on vous a prévu ce qu'il faut dans les pages qui suivent.

COMMENT SE CONDITIONNER DÈS LE RÉVEIL POUR PENSER À S'HYDRATER TOUT AU LONG DE LA JOURNÉE

Parce que l'eau est à la base de tout, des fonctions d'élimination aux fonctions intellectuelles, partez chaque matin avec la ferme intention de boire votre litre et demi d'eau dans la journée. Pour y penser, plusieurs options s'offrent à vous :

→ La technique du grand verre

Je crois que cela me fera toujours rire, mais le plus gros succès que j'ai eu sur les réseaux sociaux est avec une vidéo dans laquelle je dis que mon plus bel investissement est un verre de 500 ml, acheté 2,50 € chez Ikea®. Tout simplement parce que je le remplis trois fois et que cela me permet de boire mon fameux 1,5 litre journalier. C'est une astuce qui peut paraître assez banale, mais c'est ce qui fonctionne le plus pour moi pour boire tout au long de la journée.

→ Préparer son eau « pimpée » et utiliser une gourde

Investir dans une jolie gourde que vous remplirez d'une préparation délicieuse la veille est un double jackpot : vous buvez avec plaisir et voyez, à mesure que la gourde se vide, l'atteinte de votre objectif d'hydratation journalier.
J'utilise de l'eau du robinet à laquelle j'ajoute du vinaigre de cidre, cela me permet d'avoir une eau bien plus riche en minéraux, en enzymes, en potassium, en sodium…
Un ultra-reminéralisant, en somme, très utile pour tous et particulièrement pour les sportifs.

Si vous n'êtes pas encore adepte du vinaigre de cidre dilué dans l'eau, alors n'hésitez jamais à pimper votre boisson et à préparer des variantes en fonction de vos envies !

POUR UNE PRÉPARATION

D'UN LITRE D'EAU FRAÎCHE
+
3 CUILLERÉES À SOUPE DE VINAIGRE DE CIDRE :

3 rondelles de citron
+ 1 branche de menthe fraîche

3 tranches de pêche
+ 1 branche de verveine

6 fraises (tranchées en 2)
+ 1 branche de basilic frais

6 framboises
+ 1 branche de mélisse

4 quartiers de pomme
+ 1 bâton de cannelle

4 rondelles de citron + 1 petit morceau de gingembre (épluché)

Mais n'oubliez pas, une fois encore, faites-vous confiance. Toutes les combinaisons sont bonnes tant qu'elles vous plaisent !

MATIN

RITUEL 3

PRENDRE UN PEU DE TEMPS POUR SOI

Ne vous inquiétez pas, je ne vais pas vous parler de mon incroyable « morning routine » d'entrepreneuse qui consiste à se réveiller à 5 heures du matin pour aller courir dix kilomètres, méditer pendant quinze minutes, puis enchaîner sur une douche glacée avant de siroter mon vinaigre. Cela me passionne infiniment de tout tester et, honnêtement, je l'ai fait deux semaines et je ne suis pas devenue une meilleure personne. Mais, j'ai conservé quelques enseignements de cette période.

La qualité de ta journée dépend de l'état d'esprit dans lequel tu la commences. Les premières minutes du réveil nous offrent un aperçu de la façon dont le reste de la journée se passera, alors mettons toutes les chances de notre côté pour que nos journées soient aussi belles qu'on le mérite...

La première chose à faire à tout prix est d'éviter le rush du matin ! Si vous ressentez l'empressement les yeux à peine ouverts, il y a fort à parier que vous passerez la journée en vous sentant assez chargé émotionnellement. Se réveiller un peu plus tôt peut tout changer et, honnêtement, dix minutes suffisent pour ne plus jamais avoir à se lever avec cette précipitation qui nous sort du lit de la manière la moins agréable qui soit.

SE RECONNECTER AVEC LA LUMIÈRE NATURELLE

→ ***1 minute***

Une fois debout, si le soleil s'est levé (même s'il pleut d'ailleurs...), faites entrer la lumière naturelle immédiatement dans votre chambre afin d'y caler votre rythme circadien (notre horloge interne). Si notre horloge est bien réglée, alors nous favoriserons le bon fonctionnement de nos processus biologiques, de notre humeur, et nous optimiserons notre niveau d'énergie pour la journée entière.

MÉDITER

→ ***2 minutes***

Ce moment est propice pour siroter une délicieuse boisson réconfortante (vous en aurez besoin durant ce temps de pause méditatif).
Comme je vous le disais précédemment, l'intérêt de commencer à s'hydrater dès le matin en ajoutant une dose vinaigre de cidre est réelle.
Voilà une belle astuce pour l'intégrer à votre morning routine tout en douceur.

PETIT TOPO DE CÉLINE RUFFET

SUR LE MARIAGE INFUSION ET VINAIGRE DE CIDRE

Les infusions de thym et le vinaigre de cidre font partie depuis ma plus tendre enfance des remèdes détox que ma grand-mère annecienne prenait les lendemains de repas trop copieux. Il faut dire que chez nous, en Haute-Savoie, bien manger est un art de vivre et j'ai gardé ses bonnes habitudes. Je me fais des élixirs de vinaigre de cidre au thym quand j'ai besoin de mettre mon organisme en pause avec une diète de temps en temps. C'est une recette simple et naturelle, qui vous fera du bien. Faites une infusion avec du thym, ajoutez quelques gouttes de vinaigre de cidre, un peu de citron, de la cannelle et en option, du sirop d'agave et une pincée de poivre. Prenez le temps de cette infusion pour vous faire une pause en ressentant la chaleur de la tasse dans vos mains et en respirant profondément.

Si la méditation n'est pas votre truc, la technique du 5-4-3-2-1 vous permettra d'en ressentir le principal bien fait, sans être inondé de mille et une pensées indésirables. Cet exercice vous reconnecte simplement au moment présent : pensez à 5 choses que vous voyez – 4 choses que vous ressentez – 3 choses que vous entendez – 2 choses que vous sentez – 1 chose que vous goûtez.

→ ***Écrivez 5 minutes***
Continuez de savourer votre boisson en complétant simplement ces 2 phrases qui auront un impact considérable sur le déroulé de votre journée :

→ ***Je suis reconnaissant pour....***
Pas besoin de chercher bien loin. Quand je n'ai pas d'inspiration, ce qui me vient est souvent : « mes parents sont en bonne santé / j'ai bien dormi / j'ai un chien vraiment sympa ». L'important, c'est l'acte de prendre un temps de réflexion pour les bonheurs qu'il y a dans ta vie. Cela va fatalement t'amener à voir le jour avec la vision du verre à moitié plein.

→ ***Qu'est-ce qui me rendrait heureux aujourd'hui ?***
Cela permettra d'orienter la journée qui vient vers une vision positive et d'influer sur le bon déroulement de votre journée sans même avoir à vous en rendre compte.

En bonus : si des sujets vous ennuient, vous rendent triste, couchez-les par écrit. « Ce qui est dehors n'est plus dedans », c'est mon adage. Alors non seulement ces soucis, une fois écrits, prendront moins de place dans votre tête, mais cela vous permettra de prendre du recul et de trouver plus facilement des moyens pour y faire face.

Et si vous abaissiez un peu la température ?

Je tenais à vous parler de température et d'une pratique ô combien contre intuitive pour nos vies bien confortables j'ai nommé : la douche froide.

Je me suis intéressée de très près à Wim Hof, ce néerlandais qui a popularisé une technique d'exposition au froid et de respiration comme source de bienfaits pour la santé physique et mentale. On lui laissera le loisir de courir des semi marathons à demi-nu en Finlande et retiendrons simplement l'idée qu'une douche froide permet de :

→ *Donner un coup de fouet immédiat*
→ *Booster le système immunitaire*
→ *Améliorer notre résistance aux températures fraîches*
→ *Stimuler la perte de poids*
→ *Améliorer sa force mentale et booster sa confiance en soi (pour moi le point le plus important à court terme).*

Démarrer sa journée en ayant la satisfaction de se dire que nous avons réussi à maîtriser notre corps et à dépasser une limite psychologique nous met dans un mode vainqueur pour la journée à venir.

RITUEL 4

LES RITUELS DU MATIN DANS MA SALLE DE BAINS !

Se mettre aux cosmétiques maison à base de vinaigre de cidre

Nous dépensons, avons dépensé ou dépenserons des sommes bien trop élevées pour nos produits d'hygiène et de soin. Je me suis récemment mis en tête de ne consommer dans ma salle de bains que des produits dont je comprends la liste des ingrédients. Exit donc à vie les PEG x, y ou z, les silicones et autres joyeux perturbateurs endocriniens. Ma salle de bains 2.0 compte désormais des produits faits maison qui ont, quasiment tous, comme dénominateur commun le vinaigre de cidre.

Le vinaigre de cidre a non seulement des propriétés antioxydantes, antibactériennes et antifongiques, mais également un niveau d'acidité qui lui permet de rééquilibrer le pH des peaux à problèmes. Si vous le choisissez de bonne qualité, non pasteurisé, fait à partir de pommes variées, il est d'une richesse folle en vitamines, minéraux, acides essentiels, enzymes... Tout ce qui est bénéfique pour votre organisme l'est aussi pour votre microbiome cutané.
L'acide acétique qui constitue le vinaigre est également impitoyable pour se débarrasser des mauvaises bactéries, des odeurs, des levures et de la saleté. Attention toutefois, il est nécessaire de prendre quelques précautions car même si son efficacité est réelle, mais son usage doit être maîtrisé.

SAVON
AU VINAIGRE DE CIDRE

L'intérêt de ce savon est qu'il est ultra-économique, absolument parfait pour votre peau et le respect de son pH. Il vous demandera juste un peu de patience et des précautions pour sa préparation.

PETITE PRÉCISION :
le processus de fabrication requiert de manipuler la soude caustique avec attention. Réalisez sa préparation dans un endroit bien ventilé et avec le bon équipement. OK, on n'est pas non plus sur une opération chirurgicale incroyable, mais on ne rigole pas avec ça.

MATÉRIEL

Des gants de protection
Des lunettes de protection
Une balance de cuisine
Une spatule en silicone
Un verre mesureur en verre
Un récipient en plastique (résistant à la chaleur)
Un mixeur à pied
Un moule en silicone
Un thermomètre

INGRÉDIENTS

13,5 cl d'eau distillée
13,5 cl de vinaigre de cidre
130 g de soude caustique
50 g de beurre de cacao
240 g d'huile de coco
50 g d'huile de ricin
625 g d'huile d'olive
10 gouttes d'huile essentielle de lavande ou quelques gouttes de la senteur de votre choix

RECETTE

1. Préparez votre solution vinaigre de cidre et eau distillée.

2. Ajoutez la soude dans votre préparation.

3. Mélangez jusqu'à ce que la soude soit bien dissoute. Laissez refroidir un peu le mélange.

4. Dans un autre récipient, mélangez les huiles. Le beurre de cacao et l'huile de coco doivent être bien fondus au préalable. Mélangez le tout jusqu'à ce que la préparation d'huiles soit bien homogène.

5. Versez la solution soude et vinaigre dans le mélange d'huiles (et non pas l'inverse pour éviter les grumeaux).

6. Utilisez ensuite un mixeur à pied pour mélanger jusqu'à obtenir la « trace ». La trace, lorsque vous réalisez un savon, se caractérise par le fait que le mélange s'épaississe et laisse une trace lorsque vous levez le fouet et que la matière sur le fouet retombe.

7. Cela peut prendre 2 à 3 bonnes minutes, voire plus, pas d'inquiétude. Ajoutez les huiles essentielles, puis continuez de mélanger quelques secondes. À l'aide d'une spatule en silicone, mélangez rapidement.

8. Versez ensuite le mélange dans un moule en silicone. Vous pouvez décorer votre savon comme vous le souhaitez, avec des fleurs séchées par exemple.

9. Attendez 24 heures avant de démouler votre savon. Découpez-le, puis conservez-le à l'abri de l'humidité et de la lumière. Votre savon, s'il est bien conservé, peut se garder sans limite de temps jusqu'à ce que vous l'utilisiez (ou jusqu'à ce que vous l'offriez !).

ROUTINE VISAGE MATIN

Le visage, que vous vous maquilliez ou non, que vous soyez une femme ou un homme, requiert la plus grande des attentions en termes de soin et d'hydratation. Prendre soin de son visage, ce n'est pas seulement une question d'apparence, et il est important d'adopter une routine bien pensée pour vous. Ne craignez donc pas de consacrer à votre visage du temps et toute l'énergie qu'il mérite. Les recettes du rituel suivant sont simplissimes, sans produits nocifs pour votre peau et d'une efficacité redoutable.

→ *Le double nettoyage*

J'ai toujours été adepte des routines minimalistes. J'ai pourtant accepté d'ajouter une étape de façon pérenne à ma routine de nettoyage visage chaque soir, tant les effets sont spectaculaires sur la peau. Alors, pour que votre visage soit aussi doux et frais que la rosée du matin, lancez-vous dans le double nettoyage.

Il consiste, comme son nom l'indique, à procéder à un nettoyage de son visage en deux étapes. Cela permet de débarrasser la peau de ses impuretés en profondeur, d'en diminuer les imperfections et donc de retrouver une peau lumineuse. L'intérêt de cette routine sera également de maximiser l'effet des soins suivants. Elle se déroule toujours de la même façon.

LA PREMIÈRE ÉTAPE :
le massage à l'huile

- → Utilisez de l'*huile d'avocat* (une huile très riche en vitamines, protectrice et nourrissante) et procédez pendant quelques secondes à un *massage de votre visage* sur peau sèche (même sur vos yeux il n'y a aucun risque).
- → *Rincez abondamment* avec de l'eau fraîche et continuer votre routine avec la deuxième étape : le nettoyage au savon.

LA DEUXIÈME ÉTAPE :
le nettoyage au savon

- → *Choisissez un savon doux,* de votre choix, adapté aux problématiques de votre peau et aussi naturel que possible.

Un tonique simple à préparer :

→ *Si vous avez la peau normale à grasse* : 1 volume de vinaigre de cidre pour 2 volumes d'eau.

→ *Si vous avez la peau sèche ou sensible :* 1 volume de vinaigre de cidre pour 3 volumes d'eau.

À diluer dans une bouteille en spray.

La bonne vieille méthode qui fonctionne aussi très bien, consiste à appliquer sur un coton imbibé d'eau quelques gouttes de vinaigre de cidre. Passez ce dernier sur un visage bien nettoyé.

En cas de bouton percé, vous pouvez utiliser le vinaigre de cidre pur directement dessus pour le désinfecter.

Huile de nigelle en massage

→ Un proverbe arabe dit que *l'huile de nigelle soigne tout, sauf la mort*. Autant vous dire qu'on part sur un haut niveau de bénéfices avec cette huile. J'en ai utilisé des litres ! Versez simplement quelques gouttes dans la paume de vos mains, chauffez-la et massez votre visage jusqu'à pénétration. Ce nouveau rituel fera office de crème de jour. L'huile de nigelle purifie la peau, la laisse toute douce et combat les imperfections.

ROUTINE VISAGE

TONIQUE BONNE MINE 100 % POMME

Si vous n'avez jamais entendu parler de l'eau cellulaire de pomme, je suis heureuse de vous la faire découvrir, car cette eau est absolument magique. Elle est issue de pommes déshydratées à très faible température et permet de bénéficier de tous leurs nutriments et minéraux. Il est essentiel de la choisir de première qualité et biologique.

Avec ce tonique, vous combinez à la fois les propriétés purifiante, réparatrice, antioxydante et booster d'hydratation de l'eau cellulaire, mais également les propriétés antibactérienne et régulatrice de pH et du microbiome cutané du vinaigre de cidre.

Son usage est idéal pour les peaux sujettes aux rougeurs et comme avant-soin anti-âge.

Si vous avez la peau sensible, partez sur une dilution plus faible en ajoutant seulement 20 ml de vinaigre de cidre.

INGRÉDIENTS

50 ml d'eau cellulaire de pomme
50 ml de vinaigre de cidre

→ *Préparez le mélange* dans une bouteille en spray.

→ *Appliquez la solution sur votre visage* une fois lavé. Selon vos habitudes, vous pouvez poursuivre cette routine, ou non, par votre crème ou huile hydratante.

MASQUE EXFOLIANT À LA POMME

INGRÉDIENTS

1 cuil. à soupe de compote de pomme (biologique, sans sucre ajouté)
1 cuil. à soupe de vinaigre de cidre
1 cuil. à soupe de miel (optionnel)

De temps à autre, il est important de procéder à une exfoliation de la peau pour la débarrasser des cellules mortes, améliorer son aspect et sa texture, et clarifier le teint. Pour ceux qui ont la peau plus sensible et qui ne tolèrent pas les gommages à grains plus abrasifs, l'exfoliation à base d'acides de fruits est vraiment la clé.

Certains fruits contiennent des acides dits AHA (alpha-hydroxy-acide). Les utiliser est un moyen assez doux d'exfolier la peau. Attention, toutefois, c'est un moyen doux certes, mais cela reste un peeling, et il est donc important de ne pas l'utiliser trop fréquemment.

Si vous êtes hésitant, essayez sur une petite partie de la peau avant de vous lancer totalement.

Cet exfoliant aura des propriétés antioxydantes et désinfectantes.

RECETTE

Mélangez tous les ingrédients dans un petit bol. Sur une peau propre (doublement nettoyée, donc), appliquez le mélange en massant et laissez poser 10 minutes maximum avant de rincer à l'eau fraîche et d'appliquer une bonne crème hydratante.

MASQUE HYDRATANT EXPRESS
POUR LES PEAUX SÈCHES

INGRÉDIENTS

1 cuil. à soupe d'huile végétale de nigelle
1 cuil. à soupe d'huile de calendula
1 cuil. à soupe d'huile de jojoba
1 jaune d'œuf pour les peaux sèches
ou
1 blanc d'œuf pour les peaux grasses
2 cuil. à soupe de vinaigre de cidre

Si vous souhaitez réaliser un masque frais, hydratant en profondeur, essayez cette recette. Elle ne se garde pas car elle contient de l'œuf.

RECETTE

1. Mélangez vigoureusement l'ensemble des ingrédients dans un bol et appliquez sur votre visage bien propre.

2. Laissez poser 10 minutes, puis passez sur le visage un coton imbibé d'eau pour enlever le surplus d'hydratation.

GEORGE JENNINGS
LONDON

archie
VINAIGRE
de CIDRE

Routine spéciale acné

OK, on s'attaque là à un sujet cher à mon cœur. Si vous avez lu l'introduction, vous en comprendrez aisément la raison. C'est littéralement cette routine qui m'a sortie de mes problèmes de peau. Je vous encourage vivement à partager ces prochaines lignes avec vos proches, vos enfants, neveux, nièces qui souffriraient de problèmes d'acné.

Il est important d'avoir une chose en tête : votre acné est le reflet d'un déséquilibre dans votre organisme. Une inflammation cutanée comme l'acné persistante ne vient pas de nulle part et n'apparaît sûrement pas parce que votre peau est sale. Il est essentiel de veiller à la fois à ce qu'on ingère et d'adopter en parallèle de cela une routine de soin adaptée à l'acné. Les deux sont indissociables.

TRAITER L'INTERNE :

Boire de l'eau

→ *Exit les sodas sucrés.* Non seulement ce sont des calories vides (= qui n'apportent rien que des choses dont notre organisme n'a pas besoin), mais ils sont absolument à proscrire lorsqu'on a des problèmes de peau. Les jus de fruits, même pur jus, ont un effet tout aussi délétère. Ils sont un shot de sucre dénué de fibres dont il vaut mieux se passer pour diminuer l'inflammation.

Combattre l'inflammation par l'alimentation et la supplémentation

→ *La supplémentation en oméga-3 est indispensable* lorsqu'on essaie de se débarrasser de son acné, mais pas que. Nous aurions tous intérêt à consommer des oméga-3 puisque nos régimes alimentaires occidentaux sont aujourd'hui complètement déséquilibrés d'un point de vue *ratio oméga-6/oméga-3*. Pour rentrer plus dans les détails, les oméga-6 sont des acides gras essentiels indispensables pour diminuer le « mauvais » cholestérol, entre autres, et sont excellents pour notre santé. Le souci est qu'en trop grosse quantité, ils deviennent inflammatoires, et on les trouve absolument partout dans notre alimentation (dans les céréales, les matières grasses…).

Les scientifiques imputent à leur consommation excessive la responsabilité d'inflammations chroniques qui font le lit de nombreuses maladies cardiaques, du diabète, des problèmes d'arthrite, de la maladie d'Alzheimer, mais aussi de plusieurs types de cancers… Les populations qui consomment davantage d'oméga-6 par rapport aux oméga-3 (nous, donc) sont les plus sujettes à ces pathologies. Les oméga-3 sont ultra-précieux et ont plutôt des actions anti-inflammatoires particulièrement utiles, donc, lorsqu'on souffre d'acné.

Dans un monde idéal, nous devrions consommer un oméga-3 pour quatre oméga-6. Malheureusement, aujourd'hui, on serait davantage sur une consommation d'un oméga-3 pour seize oméga-6. Le compte n'est pas bon. Alors, pour rectifier cela, on se supplémente en choisissant de bons compléments et/ou on augmente la consommation d'aliments riches en oméga-3 tels que :

- *le foie de morue (en tartine, c'est délicieux !) ;*
- *les sardines ;*
- *les graines de lin (moulues pour qu'elles soient plus assimilables par notre organisme) ;*
- *le curcuma (ma star des épices*

bienfaisantes) ;

- *les œufs dont les poules ont été élevées en plein air et nourries aux graines de lin (il y a le label Bleu-Blanc-Cœur qui est garant de cela).*

Et on adopte un ***régime alimentaire à IG bas***, c'est-à-dire à indice glycémique bas. Nous avons tous intérêt à maîtriser notre glycémie (taux de sucre dans le sang). Diabétique ou non, des pics glycémiques peuvent induire une inflammation chronique. Adopter un régime alimentaire à IG bas peut avoir des effets merveilleux sur l'état de notre peau. C'est un mode de vie que je suis depuis des années. Toutes les recettes proposées dans ce livre répondent à cette règle. Parmi les ingrédients magiques régulateurs de glycémie, et à avoir toujours dans ses placards, nous trouvons les aliments riches en fibres, la cannelle et le vinaigre de cidre.

Boire du vinaigre de cidre

→ Le fait de commencer ses repas par une ***cuillerée à soupe de vinaigre de cidre diluée dans l'eau*** est une arme anti-acné absolument imparable, puisqu'il diminue jusqu'à 30 % l'impact glycémique du repas suivant. C'est l'astuce ultime dont vous ne pouvez pas vous passer si vous adoptez ce rituel anti-acné.

Extra-bonus : *le vinaigre de cidre combat la dépression* !

Eh oui, l'acné sape la confiance en soi et le moral, mais cette étude vous fera sûrement sourire, puisque avec votre boisson au vinaigre de cidre, vous pouvez faire d'une pierre deux coups : améliorer l'état de votre peau et votre humeur. En 2021, un chercheur a mené une étude sur un groupe d'étudiants pendant quatre semaines. À la fin de l'étude, il a observé chez ceux ayant consommé 2 cuillerées à soupe de vinaigre de cidre de façon journalière une meilleure humeur que chez ceux n'en ayant pas ingéré. L'intestin et le cerveau ne font qu'un, rappelez-vous.

Privilégier certains types d'aliments

→ Je ne mange pas de viande, mais je ne suis pas végétarienne pour autant, car, de vous à moi, je ne pourrais pas vivre sans manger de fromage (enfin, presque). Toutefois, durant la période pendant laquelle vous essayez de vous débarrasser de l'acné, je vous encourage vivement à réduire la consommation de produits carnés et laitiers quels qu'ils soient (et d'alcool et de sucre dans un monde idéal).

Saviez-vous qu'il existe dans le monde des régions où l'acné n'existe tout simplement pas ?

Sur l'île de Kitava, notamment, située en Papouasie-Nouvelle-Guinée. Un médecin suédois a observé que, là-bas, aucun adolescent n'avait de soucis de peau. Pas un seul. Leur alimentation est exclusivement composée de patate douce, noix de coco, poissons, légumes et fruits exotiques. Attention, consommer exactement ce qui vient de l'île de Kitava n'est pas forcément des plus simples en termes d'accessibilité (ni des plus respectueux de l'environnement, d'ailleurs). Ce qu'il faut retenir est l'absence de céréales, de produits laitiers, de sucres, de produits transformés et d'alcool dans leur alimentation. Tout ce qui chez nous est monnaie courante et réputé comme pouvant acidifier l'organisme et augmenter l'inflammation, en somme. Alors, consommer des légumes et des fruits de saison fera très bien l'affaire, pas d'inquiétude, mais il est intéressant de garder ces grands principes alimentaires en tête.

TRAITER L'EXTERNE :

Nettoyer son visage

→ Bien nettoyer son visage ne fait pas tout, mais mal le nettoyer peut assurément faire pire. Alors on utilise un savon doux. Je suis personnellement fan du savon d'Alep (45 % d'huile de baies de laurier minimum). Pour être certaine de bien nettoyer mon visage, j'aime utiliser une brosse douce, en bois, c'est agréable et laisse la peau bien propre.

Tonique au vinaigre de cidre dilué selon la sensibilité de la peau

→ Pour rééquilibrer la bonne acidité de la peau et faire plaisir à notre microbiome (qui est composé de bonnes et moins bonnes bactéries, pour rappel), on l'asperge de vinaigre de cidre.

LE SOIN DES CHEVEUX

Le corps à présent bien nettoyé, il est temps de prendre soin de votre chevelure.

La pollution et l'accumulation d'ingrédients nocifs dans les produits chimiques de coiffage et de lavage que nous utilisons quotidiennement font clairement des dégâts. On ne s'en rend peut-être pas compte immédiatement, mais cela saute aux yeux quand on procède à un *reset*, en adoptant une nouvelle routine naturelle, avec des produits de qualité qui nous permettent de redécouvrir la vraie nature de nos cheveux. Quand vous vous rendrez compte que vos cheveux peuvent être naturellement plus brillants, plus épais et plus soyeux, et que vous observerez une croissance plus rapide en adoptant ce rituel, il n'y aura pas de retour en arrière possible, promis.

→ *L'usage du vinaigre de cidre pour des cheveux merveilleux*
Sincèrement, je manque de qualificatifs pour vous expliquer à quel point le vinaigre de cidre est magique pour prendre soin de votre chevelure. Comme évoqué plus haut, les shampooings traditionnels sont assez agressifs pour nos cheveux. Ce qui est super, c'est qu'ils éliminent l'excès de sébum et nettoient vraiment bien… mais un peu trop, et c'est là tout le problème.

→ *Explications*
Naturellement, nous produisons du sébum à la racine de nos cheveux, qui recouvre le follicule pileux et qui, en sur-quantité, donne l'effet gras que nous redoutons tous. Toutefois, ce sébum est très précieux puisqu'il recouvre les écailles de nos cheveux. Comme enveloppés, ils ne se déshydratent pas et sont moins fragiles. Lorsqu'on utilise un shampooing, on se débarrasse de ce sébum, mais sans hydrater nos cheveux qui deviennent à terme cassants, secs et ternes.

Le vinaigre de cidre va, lui, éliminer le sébum en excès, mais aussi et surtout permettre de resserrer les écailles, donc de garder l'hydratation et d'avoir des cheveux doux et brillants, sans frisottis. Bref, il va rééquilibrer notre cuir chevelu.

LE GOMMAGE CAPILLAIRE

Avez-vous déjà entendu parler des gommages capillaires ? On convient assez facilement du fait que les gommages sont utiles pour se débarrasser des peaux mortes sur notre peau, mais procéder de temps en temps à un gommage de son cuir chevelu est d'une grande utilité, surtout lorsque vous essayez de faire pousser vos cheveux plus rapidement. Les deux huiles essentielles utilisées dans cette recette sont connues pour stimuler l'afflux sanguin et donc stimuler la pousse. Ce gommage peut se conserver dans un pot avec couvercle.

INGRÉDIENTS

100 g de gros sel
1 cuil. à soupe de vinaigre de cidre
1 cuil. à soupe d'huile d'olive ou de coco
1 cuil. à café de miel
10 gouttes d'huile essentielle de gingembre *(ou de l'huile de votre choix)*
5 gouttes d'huile essentielle de cèdre de l'Atlas

1. Pour la préparation, il vous suffira de verser tous les ingrédients dans un bol et de mélanger vigoureusement.
2. Appliquez une petite quantité sur votre cuir chevelu mouillé ou sec en massant délicatement.
3. Procédez au rinçage en veillant à n'avoir plus aucun résidu dans les cheveux.
4. Vous pouvez utiliser ce gommage une fois toutes les trois semaines.

POUR ALLER + LOIN
et maximiser la pousse :

→ Je ne suis pas certaine que couper les pointes un soir de pleine lune sur la place de la mairie soit très efficace pour booster la pousse.

→ Ce qui l'est, en revanche, c'est d'***irriguer le bulbe de vos cheveux***, en d'autres termes : d'activer la circulation du sang jusqu'à vos racines. ***Faire des massages crâniens chaque jour*** (avec la pulpe des doigts), ***bien se brosser les cheveux le soir*** et ***utiliser un dermaroller*** (petit rouleau avec des micro-aiguilles, promis, ça ne fait pas mal) ont été les meilleurs conseils qui m'ont été prodigués lorsque j'étais en souffrance (vous savez, ces moments où on rentre en pleurant de chez le coiffeur à qui on avait pourtant dit « que les pointes »...).

SHAMPOOING SOLIDE

AU VINAIGRE DE CIDRE

En plus d'être écologique et économique, la recette proposée ici redonnera à vos cheveux de la brillance et équilibrera le pH de votre cuir chevelu. La quantité de shampooing obtenue avec cette recette vous permettra de l'utiliser pendant plusieurs mois. Vous pourrez conserver votre shampooing sans limite de temps dans un endroit sec à l'abri de la lumière.

MATÉRIEL

1 spatule en silicone
1 balance de cuisine
Des gants de protection
1 récipient en verre *(type Pyrex®)*
1 second récipient *(résistant à la chaleur)*
1 saladier en verre
1 mixeur à pied
1 moule en silicone

INGRÉDIENTS

18 cl de vinaigre de cidre
70 g de soude caustique
100 g d'huile de coco
25 g de beurre de karité
200 g d'huile d'amande douce
100 g d'huile d'olive
50 g d'huile de ricin
25 g d'huile d'avocat
15 gouttes d'huile essentielle de rose
5 gouttes d'huile essentielle de tea tree

Attention, veillez à bien nettoyer vos ustensiles à la fin de la recette. Idéalement, dédiez leur usage à la fabrication de vos savons. Cela permettra de vous préserver de tout risque de mélange des résidus avec des préparations alimentaires.

RECETTE

1. Versez 18 cl de vinaigre de cidre dans un récipient en verre. Ajoutez progressivement, et en mélangeant, les 70 g de soude caustique (préalablement pesés). Respectez bien cet ordre : versez la soude dans le liquide, jamais l'inverse. Attention, la préparation va devenir très chaude. Si vous effectuez ce mélange sur une table, protégez-la en glissant un dessous-de-plat sous le récipient. Mélangez jusqu'à ce que la soude soit bien dissoute.

2. Dans un récipient à part, mélangez les huiles. L'huile de coco et le beurre de karité doivent être bien fondus pour être incorporés au mélange d'huile (vous pouvez mettre le mélange 30 secondes au micro-ondes pour que tout soit bien fondu).

3. Incorporez le mélange soude + vinaigre dans le mélange d'huiles et remuez à l'aide d'une spatule en silicone.

4. Mélangez ensuite le tout avec un mixeur à pied jusqu'à l'obtention d'une texture crème assez épaisse et l'apparition de la trace *(voir l'explication p. 30)*. Ajoutez les huiles essentielles, puis continuez de mélanger avec la spatule en silicone.

5. Transférez le tout dans un moule en silicone.

6. Réservez sous un linge et attendez quelques jours que votre shampooing se solidifie. Découpez-le une fois durci.

Les alternatives simples pour utiliser le vinaigre de cidre en se nettoyant les cheveux :

VERSION ULTRA RAPIDE

Dans cette préparation les doses sont données pour une utilisation unique, car elle ne contient pas de conservateur et donc ne se garde pas.

IL VOUS FAUDRA :
25 cl d'eau distillée
2 cuil. à café de bicarbonate de soude
2 cuil. à café de vinaigre de cidre
10 gouttes d'huile essentielle d'ylang ylang

- Mélangez l'eau, le bicarbonate de soude et le vinaigre de cidre dans une bouteille de shampooing vide, ajoutez y vos huiles essentielles. Secouez bien pour tout mélanger.
- Mouillez vos cheveux et massez une petite quantité de la préparation sur votre cuir chevelu. Cela ne moussera pas, pas d'inquiétude, mais le pouvoir lavant sera bien au rendez-vous.
- Rincez vos cheveux comme d'habitude.

VERSION SHAMPOOING MINUTE

IL VOUS FAUDRA :
1 jaune d'œuf
2 cuil. à soupe de vinaigre de cidre
2 cuil. à soupe d'huile d'olive
(en option vous pouvez ajoutez 2 à 3 gouttes d'huile essentielle de votre choix)

- Versez tous les ingrédients dans un bol et mélangez les vigoureusement.
- Versez le mélange sur votre cuir chevelu mouillé sous la douche.
- Masser bien vos cheveux durant 1 minute, puis rincer abondamment.

ASTUCE

POUR QUE LES CHEVEUX NE REGRAISSENT PAS TROP VITE :

L'astuce de la flemme aiguë entre deux shampooings :

utiliser de la farine de maïs sur les racines ! Prenez un pinceau à maquillage, trempez-le dans la farine de maïs et appliquez sur vos racines sèches). Massez vos racines puis brossez bien jusqu'à ce qu'elles soient débarrassées de la farine. Je vous conseille vivement de faire la guerre aux shampooings secs en aérosol. Cette recette est tout aussi efficace et sans aucun danger pour nos poumons.

MASQUE CAPILLAIRE

INGRÉDIENTS

½ avocat
½ banane
1 œuf
4 cuil. à soupe de vinaigre de cidre
1 cuil. à soupe d'huile d'olive
250 ml d'eau

L'hydratation est indispensable pour les cheveux et, comme souvent, les meilleurs actifs cosmétiques capillaires se trouvent dans la cuisine. Ce masque est à la fois ultra-hydratant et réparateur, et la présence de la banane lui confère également des propriétés assouplissantes. La protéine de l'œuf est très intéressante pour renforcer le cheveu, et le vinaigre de cidre pour resserrer les écailles et faire briller. Le masque étant ultra-frais et sans conservateur, il se prépare pour un usage unique.

En cas de cheveux bien épais, n'hésitez pas à doubler les doses.

RECETTE

Appliquez sur toute la longueur de vos cheveux humides pendant 10 minutes minimum, puis rincez abondamment.

SOIN HYDRATANT SANS RINCAGE

INGRÉDIENTS

40 g de graines de lin
50 cl d'eau
2 gouttes d'huile essentielle de romarin
2 gouttes d'huile essentielle de lavande
2 cuil. à soupe de vinaigre de cidre

Pour hydrater et discipliner votre chevelure, laissez-moi vous présenter votre nouveau meilleur ami : le gel de lin. Il renforce les cheveux, les hydrate et les rend tout doux. Ce gel est à la fois ultra-efficace pour limiter les frisottis des cheveux lisses, mais également pour bien définir les ondulations et les boucles.

RECETTE

1. Versez les graines de lin dans une casserole remplie d'eau et faites chauffer jusqu'à ce que vous obteniez une consistance de gel. Filtrez ensuite pour extraire le gel sans les graines *(personnellement j'utilise un torchon de cuisine assez fin).*

2. Dans un récipient, ajoutez à votre gel les huiles essentielles et le vinaigre de cidre, et mélangez le tout.

3. Appliquez une petite quantité après le shampooing sur toute la longueur de vos cheveux mouillés.

4. Vous pouvez garder le mélange une à deux semaines grand maximum au frais dans un bocal hermétique. Tant que l'odeur ne tourne pas et que le gel a toujours la même consistance, c'est OK.

CLARIFICATION
AU VINAIGRE DE CIDRE

Lorsque vous souhaitez passer d'une routine capillaire plutôt classique (avec usage de produits nettoyants pétrochimiques) à une routine naturelle, une étape est absolument indispensable pour observer rapidement les effets bénéfiques de cette transition sur la beauté de vos cheveux : la clarification. C'est une sorte de détox pour se débarrasser de toutes les impuretés accumulées dans nos cheveux. Elle permet l'ouverture des écailles pour en enlever l'amas de résidus pétrochimiques (notamment les silicones). La clarification se substitue une fois par mois à notre shampooing et devra être suivie d'un soin hydratant.

INGRÉDIENTS

120 g d'argile bentonite (ou verte)
250 g de gel d'aloe vera
4 cuil. à soupe de vinaigre de cidre

Cette recette convient pour tous les types de cheveux.

RECETTE

1. Mélangez tous les ingrédients dans un bol, puis appliquez sur votre cuir chevelu mouillé une fois sous la douche.

2. Laissez agir 15 minutes (idéalement sous un bonnet de douche), puis rincez bien avant que le mélange ne durcisse.

LOTION ANTIPELLICULAIRE

Le vinaigre de cidre est excellent pour lutter contre la formation des pellicules.
Cette lotion est à appliquer sous la douche, après votre shampooing.

INGRÉDIENTS

_45 cl_ d'eau
4 cuil. à soupe de vinaigre de cidre
2 gouttes d'huile essentielle de cèdre de l'Atlas
2 gouttes d'huile essentielle de romarin
2 gouttes d'huile essentielle de tea tree

RECETTE

1. Incorporez tous les ingrédients dans une bouteille de 50 cl.
2. Versez le tout sur votre cuir chevelu en dernière eau de rinçage.
3. Frictionnez votre cuir chevelu pendant 2 minutes minimum avec cette lotion. Pas besoin de rincer.
4. Cette préparation peut se conserver jusqu'à trois mois.

Astuce : *Si vous souffrez d'un excès de pellicules, vous pouvez réaliser un shampooing très simple avec, à parts égales, vinaigre de cidre et d'argile (2 cuillerées à soupe de chaque). Mélangez jusqu'à l'obtention d'une consistance lisse et ajoutez de l'eau, si besoin. Laissez poser 5 à 10 minutes maximum, puis rincez bien.*

SPRAY ÉCLAIRCISSANT
AU VINAIGRE DE CIDRE

INGRÉDIENTS

20 g de fleurs de camomille
20 cl d'eau bouillante
1 cuil. à soupe de vinaigre de cidre
Le jus de ½ citron

J'ai usé et abusé des balayages depuis mes 16 ans. Lorsque j'ai décidé de ne plus faire subir de traitements agressifs à mes cheveux, pour garder un blond lumineux et des cheveux clairs, j'ai opté pour cette recette 100 % naturelle, qui, certes, prend plus de temps à éclaircir, mais qui donne des résultats vraiment satisfaisants. Cela fonctionne également pour les cheveux foncés.

RECETTE

1. Dans un bol, faites infuser les fleurs de camomille dans l'eau bouillante.

2. Filtrez le tout, puis versez dans une bouteille en spray.

3. Ajoutez ensuite le vinaigre de cidre et le jus de citron.

4. Utilisez ce spray sur l'ensemble de vos cheveux humides.

5. Le résultat s'intensifie sous l'effet de la chaleur : séchez donc vos cheveux au soleil ou au sèche-cheveux si vous souhaitez des résultats plus rapides.

6. Cette préparation peut se conserver jusqu'à trois mois.

PETIT DÉ- JEU- NER

PETIT DÉJEUNER

Que vous soyez de la team « avec » ou de la team « sans » petit déjeuner, pas de panique, on en a prévu pour tous les goûts.

AVANT TOUTE CHOSE, BUVEZ DÈS LE RÉVEIL !

RITUEL PETIT DEJ'

Le repas le plus important de la journée pour certains, celui dont on se passe aisément pour d'autres. Le petit déjeuner, c'est le moment pour s'alimenter qui fait le plus débat, et je suis personnellement partisane du « mange si tu as faim ».

Vous ne savez pas vraiment si vous avez faim ce matin ou si vous avez simplement envie de manger « parce que c'est l'heure » ? Vous n'êtes pas le seul, ne vous inquiétez pas.

Dans ces cas-là, la meilleure chose à faire est de boire (vous l'aurez sans doute fait puisque vous êtes désormais un adepte du rituel au saut du lit...). Il est très fréquent de confondre la sensation de faim et de soif, donc commencer par cette étape pourra vous permettre de faire le point. Vous arriverez alors plus facilement à statuer sur cette fameuse question : ai-je faim ou ai-je envie de manger ?

Il est important de distinguer la faim physiologique des autres faims, que nous placerons, pour en faciliter la compréhension, sous l'étiquette de faim émotionnelle (manger par stress, par habitude, par ennui...).

Je n'ai simplement pas envie de manger par choix :
→ J'OPTE POUR LE JEÛNE.

Auparavant, on aurait juste appelé ça « sauter un repas », mais désormais on parle de « jeûne intermittent ». Cela renvoie strictement à la même chose, mais davantage vers les bénéfices sous-entendus par cette pratique... et c'est aussi beaucoup plus tendance. Donc, si vous optez pour ce jeûne intermittent, cela peut s'avérer une excellente idée.

Attention, toutefois, cette pratique n'est pas conseillée à tous. Si vous êtes atteint de trouble du comportement alimentaire, comme cela a pu être mon cas, évitez. J'ai demandé à mon ami, expert du jeûne intermittent, du régime paléo et fondateur de la chaîne YouTube BMoove, Wilfried Launay, de nous en dire plus sur cette pratique.

L'INTERVENTION DE WILFRIED →

INTERVENTION

WILFRIED LAUNAY (BMOOVE)

EXPERT JEÛNE INTERMITTENT

Le jeûne, c'est simple. C'est juste ne pas manger. Et j'ai un scoop : tout le monde jeûne tous les jours, c'est le jeûne nocturne. Si vous arrêtez de manger le soir à 20h00 et que vous prenez votre premier repas le lendemain matin à 8h00, vous avez jeûné 12 heures ! Sauf cas particulier, tout le monde peut faire cela.
Et que se passerait-il si on ajoutait juste 4 petites heures à ce jeûne pour passer à 16 heures ? C'est ce qu'on appelle le jeûne intermittent, et c'est là que la magie va opérer. En effet, lorsqu'on arrive vers 16 heures de jeûne, le corps commence à puiser dans ses graisses pour avoir du carburant, au lieu d'utiliser nos « réserves de sucre ».

Résultat : on perd de la masse graisseuse. Surtout si on combine un minimum d'activité physique en parallèle, comme la marche à pied.

Mais les bienfaits ne s'arrêtent pas là.

Au-delà d'avoir un effet plutôt sympa sur la silhouette, le jeûne intermittent possède d'autres avantages sur la santé en général. Par exemple, ***il augmente l'efficacité de l'insuline :*** le jeûne intermittent peut aider à réguler les niveaux d'insuline dans le corps, ce qui peut être bénéfique pour les personnes souffrant de diabète ou de prédiabète.

Et cela est aussi lié à la perte de masse graisseuse : il y a en effet un lien important entre résistance à l'insuline et prise de poids (l'insuline étant l'hormone du stockage, pour simplifier).

Le jeûne intermittent permet aussi d'améliorer la santé du cerveau : il peut stimuler la production de nouveaux neurones et de nouveaux réseaux de neurones dans le cerveau, ce qui peut améliorer la fonction cognitive et la mémoire. Plus précisément, le fait de ne plus manger vous permet de sécréter le BDNF ou *Brain-Derived Neurotrophic Factor*. Cette hormone permet de stimuler la croissance de nouveaux neurones à partir des cellules souches neurales : c'est ce qu'on appelle la neurogénèse.

Ainsi, pour simplifier, lorsque le système digestif est au repos et que les bonnes hormones sont en action, le corps peut alors se concentrer sur la régénérescence des tissus cellulaires mais aussi sur des tissus nerveux et « ajouter de nouveaux neurones » dans votre cerveau.

Enfin, le jeûne intermittent a aussi la capacité de faire sécréter des molécules anti-inflammatoires par le corps. Il est donc intéressant de le mettre en place en combinaison avec une alimentation anti-inflammatoire.

→ *Quel rythme de jeûne intermittent choisir ?*

Le format de jeûne intermittent 16/8 est le plus populaire et le plus intéressant, et ce pour plusieurs raisons.
D'abord, il permet une bonne facilité d'adaptation. Le format 16/8 est facile à intégrer dans votre routine quotidienne, car il vous permet de manger pendant une période de 8 heures et de jeûner pendant les 16 heures restantes. 8 heures de fenêtre de repas c'est largement suffisant pour avoir 2 repas et 1 en-cas. Finalement, on mange presque de la même façon que si on ne faisait pas de jeûne !
Ensuite, les résultats sont plutôt rapides pour les débutants : ce format peut entraîner une perte de poids et une amélioration de la santé en peu de temps, ce qui peut être très motivant pour les personnes qui cherchent à voir des résultats rapides.

Point important : le 16/8 est soutenable sur le long terme. Ce format de jeûne peut être facilement suivi sur une longue période, ce qui en fait un choix plus « facile » que d'autres formes de jeûnes plus restrictifs.

Enfin, le 16/8 entraîne peu d'effets secondaires. Les personnes qui débutent peuvent parfois ressentir un peu de fatigue ou de faim lors des débuts du jeûne intermittent, et c'est plutôt normal. Avec le format 16/8, ces petits symptômes disparaissent rapidement car, comme indiqué précédemment, le 16/8 est plutôt proche de la façon de se nourrir de la plupart des personnes.

→ *Quel est le repas le plus simple à supprimer ?*

Sauter le petit déjeuner est la solution la plus simple lors de la mise en place du jeûne intermittent 16/8.

D'abord, cela permet de regrouper les 8 heures de consommation de nourriture au cours de la journée, ce qui peut être plus pratique pour les personnes qui ont des horaires chargés.
De plus, en sautant le petit déjeuner, vous pouvez facilement respecter les 16 heures de jeûne en augmentant juste la fenêtre naturelle du jeûne nocturne... sans être embêté par la faim ou par la fatigue (puisque vous dormez déjà une bonne partie de votre fenêtre de jeûne : malin).
Sachant que, de base, beaucoup de personnes commencent leur journée juste avec un café car elles n'ont pas faim lorsqu'elles se lèvent.
Cependant, il est important de noter que cette approche peut ne pas être adaptée à tout le monde et que certaines personnes peuvent préférer manger un petit déjeuner pour maintenir leur énergie et leur focus tout au long de la journée. Il est donc toujours important de tester par vous-même pour voir ce qui vous correspond le mieux.

→ *Prendre du vinaigre de cidre casse-t-il le jeûne intermittent ?*

Le vinaigre de cidre peut être consommé pendant le jeûne intermittent sans aucun problème.

En général, le vinaigre de cidre contient extrêmement peu de calories et aucun glucide, donc la consommation de quelques cuillères à soupe par jour ne va rien changer à votre état de jeûne.

Après, si vous en consommez un litre par jour, c'est une autre histoire (c'est une blague, ne faites pas ça !).

→ *Quels sont les aliments autorisés dans le jeûne intermittent ?*

La réponse est simple : aucun. Car il ne faut pas oublier que jeûner, c'est, par définition, ne rien manger.

En revanche, la consommation de boissons non-caloriques est totalement permise. On peut citer bien sur l'eau (plate ou pétillante), les tisanes non-aromatisées, le thé sans sucre et le café, sans sucre lui aussi.

Si vous sortez des principes précédemment énumérés et que vous vous demandez : « Est-ce que si j'ajoute cela dans ma boisson, cela va casser mon jeûne ? », la réponse est très probablement OUI.

Je mets juste une exception pour quelques éventuels agrumes trempés dans de l'eau pour ajouter un peu de goût. Si les agrumes sont juste trempés et pas pressés, la quantité de glucides libérés dans l'eau reste négligeable.

→ *Pourquoi le jeûne intermittent est déconseillé aux personnes souffrant de TCA*

En général, le jeûne intermittent est déconseillé aux personnes ayant des troubles du comportement alimentaire (TCA), car cela peut déclencher des pensées obsessionnelles pour la nourriture et le poids.

Les personnes atteintes de TCA sont souvent « obsédées » par le contrôle de leur alimentation et de leur poids, et le jeûne intermittent peut renforcer ces comportements obsessionnels en créant une structure rigide autour de la nourriture et du moment où il faut ou il ne faut pas manger.

De plus, le jeûne intermittent peut entraîner un stress pour le corps et l'esprit, ce qui peut également aggraver les symptômes des TCA.

UN PETIT DÉJEUNER, OUI, MAIS DE GRANDE QUALITÉ !

Avant toute chose, il faut qu'on soit raccord et que nous cassions ensemble l'idée qu'on se fait du petit déjeuner, si ce n'est pas déjà fait.

Si je vous dis petit déjeuner et que vous avez grandi en France, vous me répondrez sans doute croissant, pain, beurre, confiture. C'est la valse des glucides en somme. Imaginez commencer la journée avec une bombe de sucre. Les effets délétères, vous les connaissez sans doute : baisse d'énergie et fringale au rendez-vous dès 10 heures.

Pour moi, désormais, manger sucré le matin est un joker dont je ne dois jamais abuser. J'ai admis l'idée que le petit déjeuner est un repas comme un autre et qu'il est nécessaire de le traiter comme tel pour sa santé.

Les céréales sucrées au petit matin pour nos enfants sont un vrai poison, mais j'imagine bien leur tête si, sans transition, vous leur apportez des haricots verts à côté d'un steak. Pas d'inquiétude, il y a des recettes salées délicieuses qui vous donneront envie de sauter du lit pour les déguster. Et si, malgré tout, vous n'êtes pas prêt à abandonner l'idée de commencer la journée par une touche sucrée, on a pensé à vous.

ACAÏ BOWL
AUX FRUITS ROUGES

POUR 1 BOWL

Préparation : ***5 min***
Décongélation : ***1 nuit***

INGRÉDIENTS

2 cuil. à soupe bombées de cocktail de fruits rouges surgelés Picard®
1 banane bien mûre
150 g de purée d'açaï surgelée
1 cuil. à café de miel ou de sirop d'agave
1 poignée de pétales de noix de coco

Au-delà de son côté très instagrammable et de ses jolies couleurs, c'est une pépite d'antioxydants. On vous propose ici une recette, mais n'hésitez surtout pas à l'agrémenter d'une poignée d'un des granolas proposés dans les pages suivantes. Cela ajoutera un maximum de fibres à votre petit déjeuner.

1. Sortez la quantité de cocktail de fruits rouges nécessaire à la recette la veille au soir.

2. Épluchez et coupez la banane en rondelles. Versez dans la cuve d'un mixeur la purée d'açaï encore surgelée, ajoutez les morceaux de banane, le miel ou le sirop d'agave. Mixez à pleine puissance jusqu'à l'obtention d'une préparation lisse et homogène.

3. Versez le tout dans un bol. Ajoutez les fruits rouges décongelés dessus, puis les pétales de noix de coco. C'est prêt !!!

Bowl ou overnight pudding

DIY sucré ou salé

Même si je vous propose ici quatre versions de cette recette de petit déjeuner que j'adore, l'idée est surtout de vous donner des bases afin que vous puissiez faire à votre sauce avec ce qui traîne dans votre frigo !

BASE NUMÉRO 1 :
250 g de yaourt végétal non sucré (type soja ou coco) ou de yaourt grec !
BASE NUMÉRO 2 :
de l'overnight pudding !

Préparation : ***4 secondes !***

Ingrédients

2 cuil. à soupe de graines de chia
1 cuil. à soupe de flocons d'avoine
25 cl de boisson végétale (avoine, amande, coco, noisette, soja)
1 cuil. à café de miel ou de sirop d'agave *(si vous réalisez une version sucrée)* ou ***1 cuil. à café*** de parmesan *(si vous réalisez une version salée autre que la recette de ce livre)*

L'overnight pudding, qu'est-ce que c'est ?

Blindé de fibres, car souvent à base de flocons d'avoine et/ou de graines de chia (vous pouvez mélanger les deux), l'overnight pudding est surtout une solution imparable de petit déjeuner express quand on n'a pas le temps le matin, puisqu'il se prépare la veille au soir !

Recette à base d'overnight pudding

1. La veille au soir, versez les graines de chia et les flocons d'avoine dans le bocal.
2. Ajoutez la boisson végétale et l'élément sucrant ou salant (selon votre envie), puis mélangez.
3. Mettez le bocal au réfrigérateur jusqu'au lendemain matin.
4. Le lendemain, avant d'ajouter quoi que ce soit sur le pudding, mélangez afin que la préparation ne soit pas trop compacte.

Conseil

Préparez votre overnight pudding dans un bocal avec couvercle (un pot d'olives ou de confiture que vous aurez gardé par exemple), ce qui vous permettra, lorsque vous l'aurez agrémenté d'ingrédients sucrés ou salés, de le refermer et de l'emporter au travail ou n'importe où ailleurs.

POUR 1 PERSONNE

Préparation : ***5 min***

VERSION SUCRÉE

5 feuilles de basilic
100 g de framboises
1 kiwi
Vinaigre de cidre
Sumac*
250 g de yaourt
ou l'overnight pudding sucré
Graines de sésame

**Le sumac est une épice que j'ai découverte il y a peu. Légèrement acidulée et fruitée, d'une jolie couleur rouge, elle est ultra-réputée pour faciliter la digestion.*

RECETTE SUCRÉE

1. Rincez sous un filet d'eau les feuilles de basilic et les framboises. Essorez le basilic, puis émincez-le le plus finement possible.

2. Épluchez le kiwi, puis taillez-le en fine brunoise que vous disposerez dans un petit saladier. Coupez les framboises en deux, puis ajoutez-les aux dés de kiwi. Assaisonnez d'un léger trait de vinaigre de cidre *(environ 1 cuil. à soupe)* et d'une généreuse pincée de sumac. Réservez.

3. Si vous choisissez la version végétale ou animale, versez le yaourt dans un bol. Ajoutez le basilic émincé et une généreuse pincée de sumac. Si vous choisissez l'overnight pudding, agrémentez-le également de basilic et de sumac, si vous le souhaitez. Mélangez jusqu'à l'obtention d'une préparation homogène. Disposez la préparation de kiwi et framboise sur le yaourt ou l'overnight pudding, puis saupoudrez de quelques graines de sésame avant de déguster.

VERSION SALÉE

5 feuilles de menthe
5 tomates cerise
50 g de concombre
Vinaigre de cidre
Zaatar
250 g de yaourt ou l'overnight pudding salé
50 g de feta

RECETTE SALÉE

1. Rincez sous un filet d'eau les feuilles de menthe et les tomates cerise. Essorez la menthe, puis émincez-la le plus finement possible.

2. Épluchez le concombre, puis taillez-le en fine brunoise que vous disposerez dans un petit saladier. Coupez les tomates cerise en quatre, puis ajoutez-les aux dés de concombre. Assaisonnez d'un léger trait de vinaigre de cidre *(environ 1 cuil. à soupe)* et d'une généreuse pincée de zaatar. Réservez.

3. Si vous choisissez la version végétale ou animale, versez le yaourt dans un bol. Émiettez la feta dessus. Ajoutez la menthe émincée et une généreuse pincée de zaatar. Si vous choisissez l'overnight pudding, agrémentez-le également de menthe et de feta, si vous le souhaitez.
Mélangez jusqu'à l'obtention d'une préparation homogène. Disposez la préparation de concombre et tomates cerise sur le yaourt ou l'overnight pudding, puis saupoudrez d'une pincée de zaatar avant de déguster.

ENGLISH BREAKFAST

Rien ne vaut un bon vieux classique du petit déjeuner ! Si vous souhaitez une version absolument « low carb », remplacez les tomates par de la salade ! Votre assiette deviendra alors un parfait « green breakfast » !

POUR 2 PERSONNES

(Il est quasiment impossible de faire cuire correctement 2 œufs au bain-marie, soit la quantité pour 1 personne. Voilà pourquoi cette recette est pour 2 personnes.)

Préparation : ***5 min***
Cuisson : ***25 min***

INGRÉDIENTS

2 tomates
8 champignons de Paris
4 œufs
Vinaigre de cidre
Sel et poivre
Huile d'olive

RECETTE

1. Lavez les tomates et les champignons. Retirez le pédoncule des tomates, puis coupez-les en deux. Coupez les champignons en petits morceaux.

2. Versez un filet d'huile d'olive dans une poêle. Ajoutez les moitiés de tomates. Laissez-les cuire à feu moyen environ 5 min sur chaque face. Réservez hors du feu. Faites poêler les morceaux de champignons quelques minutes à feu moyen. Réservez également hors du feu.

3. Dans un bol, battez les œufs, puis salez et poivrez à votre convenance.

4. Versez les œufs battus dans une casserole. Posez celle-ci dans une autre casserole d'eau afin de réaliser une cuisson au bain-marie. Laissez cuire lentement, à feu moyen, en mélangeant doucement en continu. N'arrêtez jamais de mélanger afin que les œufs ne coagulent pas trop. Laissez cuire jusqu'à l'obtention d'une texture onctueuse sans que celle-ci ne soit trop liquide.

5. Dressez chaque assiette de la façon suivante : la moitié de la quantité d'œufs brouillés et de champignons ainsi que 2 moitiés de tomate. Au moment de servir, assaisonnez les tomates et les champignons, d'un filet d'huile d'olive et de vinaigre de cidre.

FLUFFY PANCAKES

Le saviez-vous ? Ajouter du vinaigre de cidre dans la préparation de vos pancakes est l'astuce ultime pour qu'ils soient ultra moelleux. Alors faites chauffer la poêle, c'est parti !

POUR 10 PANCAKES ENVIRON

Préparation : ***10 min***
Cuisson : ***40 min***

INGRÉDIENTS

1 œuf
5 cl d'huile de tournesol
25 cl de lait
1 cuil. à café de vinaigre de cidre
200 g de farine
4 g de sel
1 sachet de levure chimique
Huile pour la cuisson

J'ai décidé de ne pas sucrer cette recette de sorte que vous puissiez la confectionner aussi bien en version salée que sucrée.

RECETTE

1. Séparez le blanc du jaune d'œuf. Montez le blanc en neige. Battez le jaune dans un bol avec l'huile, le lait et le vinaigre de cidre.

2. Dans un saladier, mélangez la farine, le sel et la levure chimique. Ajoutez la préparation œuf, lait et huile. Mélangez le tout jusqu'à l'obtention d'une pâte homogène et surtout sans grumeaux. Incorporez très délicatement le blanc d'œuf monté en neige.

3. Faites chauffer à feu moyen une poêle très légèrement huilée. Versez une louche de pâte au centre de la poêle afin de former un disque de diamètre moyen. Laissez cuire environ 2 min sur chaque face. Surtout ne tapotez pas le pancake en train de cuire car celui-ci risquerait alors de « retomber ».

Pour rendre vos pancakes un peu plus fun et rainbow, vous pouvez colorer la pâte avec 1 cuil. à café de spiruline (vous obtiendrez du bleu), 1 cuil. à café de curcuma (ce sera du jaune) ou encore 1 cuil. à café de jus de betterave (enfin du rose).

GRANOLA À L'ÉRABLE

ET VINAIGRE DE CIDRE

Préparation : ***5 min***
Cuisson : ***1 h***
Repos : ***45 min***

INGRÉDIENTS

40 g de noix de pécan
250g de flocons d'avoine
15cl de vinaigre de cidre
20cl de sirop d'érable
20g de poudre de noix
250 g de flocons d'avoine
30g de graines de lin
30g de graines de tournesol

RECETTE

1. Concassez grossièrement les noix de pécan à l'aide d'un couteau.

2. Dans un saladier, versez le vinaigre de cidre, le sirop d'érable et la poudre de noix. Mélangez énergiquement jusqu'à l'obtention d'une préparation homogène. Ajoutez les flocons d'avoine, les graines de lin, de tournesol, ainsi que les noix de pécan concassées. Mélangez bien afin que tous les ingrédients secs s'imprègnent de la préparation à base de sirop d'érable.

3. Préchauffez le four à 150 °C (th. 5).

4. Disposez, en étalant le plus possible, la préparation sur un plat en fer à rebord allant au four, de 25 x 37 cm, recouvert de papier sulfurisé. Enfournez pour 30 min. Au bout de 30 min, sortez le plat du four et émiettez le ranola encore chaud afin que celui-ci puisse cuire de façon homogène. Enfournez à nouveau pour 30 min. Si, avant la cuisson, vous étalez le mélange sur une plaque de surface plus grande que 25 x 37 cm, vérifiez la cuisson, car le granola en aura peut-être moins besoin puisqu'il sera en couche moins épaisse et plus étalé.

5. À la sortie du four, émiettez le granola sur un plat afin qu'il ne s'amalgame pas. Attendez qu'il soit totalement refroidi avant d'y ajouter les morceaux de pomme déshydratée ainsi que la cannelle restante. Mélangez le tout, puis mettez-le dans une boîte hermétique de conservation. Tant que le granola est protégé de l'humidité, vous pouvez le conserver au moins trois semaines.

GRANOLA POMME CANNELLE
ET VINAIGRE DE CIDRE

Préparation : ***5 min***
Cuisson : ***1 h***
Repos : ***45 min***

INGREDIENTS

40 g de noix
60 g de tranches de pomme déshydratées
15 cl de vinaigre de cidre
80 g de miel
80 g de compote de pomme nature
40 g de sucre roux
30 g de cannelle en poudre
200 g de flocons d'avoine
30 g de graines de lin

1. Concassez grossièrement les noix à l'aide d'un couteau ainsi que les tranches de pomme déshydratées.

2. Dans un saladier, versez le vinaigre de cidre, le miel, la compote, le sucre roux et 20 g de cannelle en poudre. Mélangez énergiquement jusqu'à l'obtention d'une préparation homogène. Ajoutez les flocons d'avoine, les graines de lin, ainsi que les noix concassées. Mélangez bien afin que tous les ingrédients secs s'imprègnent de la préparation à base de miel.

3. Préchauffez le four à 150 °C (th. 5).

4. Disposez, en étalant le plus possible, la préparation sur un plat en fer à rebord allant au four, de 25 x 37 cm, recouvert de papier sulfurisé. Enfournez pour 30 min. Au bout de 30 min, sortez le plat du four et émiettez le granola encore chaud afin que celui-ci puisse cuire de façon homogène. Enfournez à nouveau pour 30 min. Si, avant la cuisson, vous étalez le mélange sur une plaque de surface plus grande que 25 x 37 cm, vérifiez la cuisson, car le granola en aura peut-être moins besoin puisqu'il sera en couche moins épaisse et plus étalé.

5. À la sortie du four, émiettez le granola sur un plat afin qu'il ne s'amalgame pas. Attendez qu'il soit totalement refroidi avant d'y ajouter les morceaux de pomme déshydratés ainsi que la cannelle restante. Mélangez le tout, puis mettez le granola dans une boîte hermétique de conservation. Tant qu'il est protégé de l'humidité, vous pouvez le conserver au moins trois semaines.

CHAKCHOUKA

La chakchouka est un plat parfait pour un brunch entouré d'amis ! Multipliez les quantités de cette recette en fonction du nombre de convives.

POUR 1 PERSONNE

Préparation : ***10 min***
Cuisson : ***35 min***

INGRÉDIENTS

1 gousse d'ail
1 tomate
1 poivron rouge
1 poivron vert
1 poivron jaune
150 g de pulpe de tomate
Vinaigre de cidre
1 œuf
Sel et poivre
Huile d'olive

RECETTE

1. Épluchez, dégermez et écrasez la gousse d'ail. Lavez la tomate et les poivrons. Retirez les pédoncules et les pépins de la tomate et des poivrons, puis coupez-les en petits morceaux.

2. Versez un généreux filet d'huile d'olive dans une poêle. Faites-la chauffer 1 min à feu moyen, puis ajoutez la gousse d'ail écrasée. Ajoutez ensuite les morceaux de tomate et de poivrons, puis la pulpe de tomate. Arrosez d'un filet de vinaigre de cidre. Laissez cuire 30 min à feu moyen et à découvert. Il ne faut pas faire bouillir la préparation.

3. En fin de cuisson, creusez un petit orifice au centre de la préparation. Ajoutez l'œuf en prenant soin de ne pas briser le jaune. Laissez cuire à feu moyen encore 5 min.

4. Au moment de servir, faites bien attention de soulever l'œuf à l'aide d'une spatule afin de ne pas percer le jaune.

Smoothie « Éteindre le feu »

J'aime beaucoup plus les smoothies que les jus. Déjà parce qu'ils gardent toutes les fibres et ne sont pas simplement une bombe de sucre, mais aussi parce qu'ils permettent d'inclure les légumes verts de façon ultra-créative, et qu'ils sont un mélange parfait entre bénéfices et douceur. Celui-là vous aidera à apaiser votre appareil digestif en cas d'inflammation.

Pour 1 personne

Préparation : ***5 min***

Ingrédients

150 g de cerises
1 pomme granny-smith
40 g de feuilles d'épinards frais
1 cuil. à soupe de vinaigre de cidre
25 cl d'eau

Recette

1. La veille, disposez les fruits et les feuilles d'épinards au réfrigérateur afin qu'ils soient bien frais.

2. Rincez les cerises sous un filet d'eau, puis dénoyautez-les. Retirez le cœur de la pomme avec les pépins, mais ne l'épluchez pas afin de garder un maximum de fibres et d'éviter un pic glycémique.

3. Disposez les fruits dans la cuve d'un mixeur. Ajoutez le vinaigre de cidre et l'eau, puis mixez à puissance maximum, jusqu'à l'obtention d'une préparation liquide et onctueuse.

4. Vous pouvez sans souci conserver ce smoothie plusieurs heures au réfrigérateur.

SMOOTHIE « J'AI LA CRÈVE ! »

POUR 1 PERSONNE

Préparation : ***5 min***

INGRÉDIENTS

150 g de cerises (n'hésitez pas à les acheter surgelées !)
1 morceau de gingembre *(d'environ 1 cm)*
25 cl de boisson végétale d'avoine
1 cuil. à soupe de vinaigre de cidre
2 g de cannelle *(ou une bonne pincée)*
1 cuil. à café de miel de thym

Ce smoothie sera un véritable allié santé en cas de coup de froid !

RECETTE

1. La veille, mettez les fruits, le gingembre et la boisson végétale d'avoine dans le réfrigérateur afin qu'ils soient bien frais.

2. Rincez les cerises sous un filet d'eau, puis dénoyautez-les. Épluchez le gingembre.

3. Disposez les cerises dans la cuve d'un mixeur. Ajoutez le vinaigre de cidre, la cannelle, la boisson végétale d'avoine, le miel de thym et le morceau de gingembre. Mixez à puissance maximum jusqu'à l'obtention d'une préparation liquide et onctueuse.

4. Vous pouvez sans souci conserver ce smoothie plusieurs heures au réfrigérateur.

SMOOTHIE BOOSTER DE VITAMINES C

Pour cette recette, il est bien entendu nécessaire d'éplucher les fruits. En revanche, ne retirez pas l'albédo (la partie blanche) qui reste sur les quartiers d'agrumes et les cuticules qui les séparent. Ils ajouteront des fibres à votre boisson et éviteront un pic glycémique, tout comme le vinaigre de cidre !

POUR 1 PERSONNE

Préparation : ***5 min***

INGRÉDIENTS

1 orange ***de taille moyenne***
1 petite mandarine
½ pamplemousse rose
2 cuil. à soupe de vinaigre de cidre

RECETTE

1. La veille, placez les fruits dans le réfrigérateur afin qu'ils soient bien frais.
2. Épluchez l'orange, la mandarine et le ½ pamplemousse.
3. Disposez-les sans les avoir coupés dans la cuve d'un mixeur. Ajoutez le vinaigre de cidre. Mixez à puissance maximum, jusqu'à l'obtention d'une préparation liquide et onctueuse.
4. Vous pouvez sans souci conserver ce smoothie plusieurs heures au réfrigérateur.

TARTINE NORDIQUE

POUR 1 PERSONNE

Préparation : ***5 min***
Cuisson : ***1 min***

INGRÉDIENTS

1 tranche de pain de seigle (idéalement de boulanger, pas industrielle)
1 cuil. à café de câpres
¼ d'oignon rouge
2 Carré Frais®
Huile d'olive
Vinaigre de cidre
1 tranche de saumon fumé
Sel et poivre

Mon suédois est nettement moins bon que mon anglais, alors je me contenterai de vous souhaiter un god aptit avec cette tartine. Je vous conseille vivement de la déguster avec une petite salade verte simplement agrémentée d'un filet d'huile d'olive. Les fibres contenues dans la salade limiteront l'impact sur votre glycémie, vous évitant un pic dans la matinée, et vous permettront d'avoir un petit déjeuner idéal.

RECETTE

1. Toastez la tranche de pain de seigle. Réservez.

2. Hachez grossièrement les câpres. Épluchez et taillez à la mandoline, ou très finement, l'oignon. Réservez.

3. Disposez dans un bol les Carré Frais® et les câpres hachées. Assaisonnez de sel et de poivre à votre convenance, puis d'un filet d'huile d'olive et d'un généreux filet de vinaigre de cidre.

4. Étalez cette préparation sur le pain de seigle toasté. Ajoutez dessus la tranche de saumon fumé, puis l'oignon rouge émincé. Finissez en ajoutant un très léger filet de vinaigre de cidre, un peu comme si vous ajoutiez un filet de jus de citron.

RE MÈ DES

LA TROUSSE DE SURVIE ANTI-BOBOS

À BASE DE VINAIGRE DE CIDRE

L'usage, dans sa routine, d'une simple cuillerée à soupe de vinaigre de cidre diluée dans un verre d'eau vous permettra de vous prémunir de bien des maux. Mais si vous souhaitez aller plus loin dans son utilisation pour des usages spécifiques, voici un petit tour d'horizon des meilleures astuces.

Attention, ces recettes sont un condensé de vieux remèdes issus de la sagesse populaire, les médecines douces ne peuvent se substituer à des recommandations de professionnels médicaux.

EN SHOT

Pour renforcer son immunité

Shot. Nom anglo-saxon définissant une dose d'alcool fort servie dans un petit verre. Cela dit, ce n'est pas d'ivresse express dont on va vous parler ici, mais d'une dose de bénéfices santé condensés pour un maximum d'efficacité. On réunit là les ingrédients rois pour mettre dehors les indésirables qui rendraient notre santé fragile.

HAPPY YELLOW BOOSTER SHOT

INGRÉDIENTS

10 cl d'eau
½ racine de curcuma (ou ***2 cuil. à café*** de curcuma en poudre)
1 petit morceau de gingembre (ou ***2 cuil. à café*** de gingembre moulu)
Le jus de ½ citron
1 cuil. à café de grains de poivre moulus (ou 5 grains de poivre)
1 cuil. à café de vinaigre de cidre
1 cuil. à café de miel

En plus du vinaigre de cidre dont vous connaissez désormais bien les activités antibactériennes et le rôle sur notre microbiote, vous trouverez ici le cumul des bienfaits des ingrédients les plus intéressants pour leurs propriétés antioxydantes et anti-inflammatoires. À commencer par le curcuma. Il devrait être dans toutes les cuisines, croyez-moi. Le poivre en facilite l'absorption, il est donc toujours mieux de les utiliser de pair. Quant au gingembre, c'est un ingrédient primordial dans toutes les bonnes pharmacies au naturel, une aide à la digestion puissante, un anti-nauséeux, un ingrédient bénéfique à la santé du cœur… Bref, vous avez là le combo gagnant pour une bonne santé.

→ Préparez tous vos ingrédients et mixez le tout dans un blender et buvez d'une traite. Ça pique un peu, je sais…

LE MYTHIQUE FIRE CIDER

Comment pourrais-je vous parler de remède à base de vinaigre de cidre sans évoquer le* Fire Cider *et Rosemary Gladstar ? Rosemary est précieuse, elle est herboriste, fondatrice d'une école dédiée aux études sur les remèdes médicinaux, elle a popularisé le terme* Fire Cider *dans les années 1970. Après avoir découvert le vinaigre de cidre, j'ai produit des litres de cette recette et elle a longtemps fait partie de ma routine matinale.

« LE CIDRE DE FEU…, CELA PORTE TELLEMENT BIEN SON NOM »

Rhume, sinus bouchés, problèmes de circulation, de digestion… On soignerait à peu près tout avec le* Fire Cider*, à en croire la légende. Ce que je préconise est de réaliser cette préparation avant d'en avoir l'utilité : cela prend un mois de macération, mais son usage est infini (il ne se périme pas, vous pouvez le garder précieusement dans un placard).

INGRÉDIENTS

170 g de racines de raifort *(le raifort est une racine merveilleuse qui pousse facilement en France, son goût s'approche de celui de la moutarde)*
1 à 2 gousses d'ail pelées et émincées
1 oignon (épluché et coupé en lamelles)
15 cm de racine de gingembre pelée
15 cm de racine de curcuma frais, pelée
1 citron bio coupé en lamelles
10 grains de poivre
3 g de piment habanero (ça brûle)
1 litre de vinaigre de cidre bio non filtré, non pasteurisé

Il est un digestif surprenant par son effet « Waouh ça décoiffe », à servir à vos convives en proie aux sensations fortes. Vous pouvez également l'inclure dans un petit cocktail alcoolisé ou pour rehausser vos plats.

1. Mélangez tous les ingrédients dans une jarre en verre de 1,5 litre de contenance, puis versez le vinaigre de cidre.

2. Laissez macérer pendant trois semaines minimum. Filtrez, puis conservez le mélange dans une bouteille en verre sans limite de temps.

3. Vous pouvez le consommer en shot, de façon traditionnelle (on vous conseille de rincer encore votre bouche à l'eau), ou bien de façon plus douce, en prenant 1 cuillerée à soupe diluée dans un verre d'eau.

AUTRES UTILISATIONS DU VINAIGRE DE CIDRE :

Comment utiliser votre vinaigre de cidre en cas de :

→ Gueule de bois

Si les sons de Céline Dion et des *Démons de minuit* vous laissent un goût pâteux dans la bouche et tambourinent encore très fort dans votre tête le lendemain matin, la solution est de boire 2 cuillerées à soupe de vinaigre de cidre dans un 1 litre d'eau. On se reminéralise au maximum et on s'hydrate !

→ Coup de soleil et brûlure

Pour soulager la douleur et remettre votre peau en ordre, mélangez simplement 1 cuillerée à soupe de vinaigre de cidre et 1 cuillerée à soupe d'eau, et imbibez un coton de ce mélange (vous pouvez ajouter 2 gouttes d'huile essentielle de lavande si l'odeur vous incommode). Appliquez en cataplasme sur la brûlure au minimum 2 heures.

→ Piqûre de moustiques (spray)

Même recette que précédemment, moitié vinaigre de cidre, moitié eau, à mélanger dans une bouteille en spray. C'est un désinfectant naturel à appliquer directement sur la peau, sans rinçage.

→ Sécheresse des mains (hydratant minute)

IL VOUS FAUDRA :

1 jaune d'œuf
2 cuil. à soupe de vinaigre de cidre
4 cuil. à soupe d'huile d'olive
3 gouttes d'huile essentielle de lavande

Mélangez vigoureusement le tout et massez vos mains avec le mélange durant 5 minutes.

→ D'hémorroïdes

Quelques personnes m'ont appelée pour me parler de leurs hémorroïdes, me demandant si le vinaigre de cidre pouvait être utile. Je dois vous avouer que cela m'a un peu surprise au départ, mais cela m'a amenée à me renseigner. C'est à cette occasion que j'ai pu découvrir que l'usage du vinaigre de cidre était très répandu pour pallier ce petit inconfort :

IL VOUS FAUDRA :

4 cuil. à soupe de beurre de karité
4 cuil. à soupe d'huile de coco
1 cuil. à soupe de vinaigre de cidre
200 g de gel d'aloe vera
2 cuil. à café d'hydrolat d'hamamélis
12 gouttes d'huile essentielle de lavande
7 gouttes d'huile essentielle de curcuma
7 gouttes d'huile essentielle de tea tree

1. Faites fondre l'huile de coco et le beurre de karité.

2. Mélangez tous les ingrédients et laissez refroidir totalement avant de mettre le tout dans un bocal en verre hermétique.

3. Placez-le au réfrigérateur pour faire durcir la préparation.

4. Il conviendra d'appliquer ce mélange 2 fois par jour. Et, évidemment, si cela persiste, consultez un médecin !

Si vous n'avez pas le temps de confectionner cette préparation, vous pouvez également réaliser un bain de siège au vinaigre de cidre : dans une bassine remplie d'eau, ajoutez 2 cl de vinaigre de cidre. Restez 15 minutes et réitérez l'opération 2 à 3 fois par jour jusqu'à disparition de vos hémorroïdes.

→ D'aigreurs d'estomac, reflux

L'acide acétique contenu dans le vinaigre de cidre est moins acide que l'acide chlorhydrique qui est naturellement produit par notre estomac, alors face à la remarque «je ne vais pas prendre de vinaigre de cidre car j'ai des problèmes de reflux», il est possible de répondre « mais au contraire, mon cher ». Je m'explique : lorsqu'on a des remontées acides ou des aigreurs, cela peut souvent être le signe d'un manque d'acidité. Paradoxal au possible, je vous l'accorde, mais, en réalité, l'hypochlorhydrie est très fréquente et peut être la cause d'une digestion lente, d'une mauvaise haleine, de ballonnements, de gaz, etc.

Alors, l'un des gestes rapides pour optimiser son taux d'acide gastrique et lutter contre ces maux est de boire 1 cuillerée à soupe de vinaigre de cidre ajoutée dans un verre d'eau.

Si les symptômes s'améliorent, continuez, sinon ne persistez pas et écoutez-vous.

→ Maux de tête

Lorsque le mal de tête arrive, imprégnez un linge de vinaigre de cidre et appuyez sur les zones douloureuses.

→ Crampes

Les crampes peuvent être la cause d'un niveau faible de potassium ou de déshydratation. Combattez les deux en additionnant 2 cuillerées à café de vinaigre de cidre et 1 de miel dans un grand verre d'eau et buvez-le jusqu'à 3 fois par jour.

→ Zona

Le zona est une éruption légèrement semblable à la varicelle. Le stress, l'anxiété, la fatigue, l'affaiblissement du système immunitaire peuvent en être les principales explications. En tant qu'entrepreneuse, ça me parle un peu. J'en ai contracté un, et c'est dans le fameux ouvrage du docteur Jarvis, dont je vous parlais en introduction, que j'ai trouvé que le simple fait d'appliquer du vinaigre de cidre à l'endroit du zona le soulageait intensément, de façon quasi immédiate. Plusieurs fois par jour, plusieurs fois par nuit. Lorsqu'on en souffre, l'utilisation du vinaigre de cidre est un vrai réconfort.

→ Constipation

Manger des fibres, faire de l'exercice et... boire du vinaigre de cidre. À condition qu'il soit non filtré, non pasteurisé, bref, vivant (vous connaissez la musique). Sa consommation va aider notre microbiote à refonctionner convenablement et stimuler notre processus digestif : *2 cuillerées à soupe diluées dans un verre d'eau bu le matin au réveil et avant le repas jusqu'à 3 fois par jour.*

Prendre le temps de respirer par le ventre est une technique également ultra-efficace et ô combien sous-cotée lorsqu'on observe des problèmes digestifs et de constipation.

Enfin, même si je ne suis pas une adepte du yoga, je m'en sers de temps à autre pour des résultats efficaces et rapides. Je serais très mal placée pour vous l'enseigner, mais je vous encourage à effectuer des torsions assis et des squats accroupi (Google saura vous montrer ça mieux que moi).

→ *Nez bouché*

Inhalez pendant 10 minutes les vapeurs de vinaigre de cidre : 5 cuillerées à soupe diluées dans un grand récipient d'eau, additionnées (en option) de quelques gouttes d'huile essentielle d'eucalyptus.

→ *Toux (sirop minute)*

IL VOUS FAUDRA :

5 cl de vinaigre de cidre
5 cl d'eau
4 cuil. à soupe de miel de thym
1 cuil. à café de propolis (optionnel)

Mélangez le tout et conservez dans un récipient en verre. Lorsqu'une quinte de toux arrive, avalez 1 cuillerée de ce mélange, qui se conserve une semaine au réfrigérateur.

→ *Cystite*

Ceux qui en ont le savent : il faut boire. Ajoutez du vinaigre de cidre à votre eau sera d'une aide infiniment précieuse pour alcaliniser le terrain si vous souffrez de cystite. Rien qu'une grande cuillerée à soupe diluée dans un verre d'eau : à boire 3 à 4 fois par jour.

Qu'est-ce qui
ME NOURRIT
réellement ?

MIDI

Parlons peu, parlons alimentation. Si cela vous tente d'obtenir quelques clés pour bien manger, d'en savoir davantage sur l'alimentation non transformée ou le pourquoi associer le vinaigre de cidre à vos repas, alors BINGO vous êtes au bon endroit.

Pendant longtemps, les repas ont été pour moi une source d'angoisse. À force de vouloir manger parfaitement, noyée dans les contenus des réseaux sociaux que je consommais de façon frénétique, j'ai développé une sorte d'orthorexie (quand manger sain tourne à l'obsession).

Maintenant que mon rapport à l'alimentation est apaisé, je garde uniquement quelques règles d'or pour tous mes repas, qui peuvent aussi être des bases saines si vous souhaitez trouver l'équilibre, voire perdre du poids. Le vinaigre de cidre est là encore un allié précieux.

LES MEILLEURES RÈGLES EN TERMES D'ALIMENTATION POUR UN RAPPORT SAIN À LA NOURRITURE ET LA PERTE DE POIDS

RÈGLE 1

Prendre le temps de manger

Les bienfaits de la mastication prolongée ont été popularisés par Horace Fletcher, « le grand masticateur », à la fin du XIXe siècle. Ce brave Horace a été le premier a rappelé l'importance de bien mâcher ses aliments pour être en bonne santé, il en est même devenu millionnaire. Il aurait perdu 20 à 30 kilos grâce au simple fait de mâcher 32 fois avant d'avaler ! Ce processus de mastication prolongée porte désormais son nom : le fletchérisme (soit dit en passant, les yogis pratiquaient cette méthode des centaines d'années avant lui). Fletcher n'était pas médecin lui-même, mais ses trouvailles ont été reprises par de grands universitaires et font toujours l'unanimité aujourd'hui.

On retiendra des travaux de Fletcher que mâcher et prendre le temps de manger est indéniable pour aider au processus de digestion, de satiété et d'assimilation des nutriments. Manger moins vite nous permet d'arriver plus rapidement à satiété, donc mange moins... Conséquence : on perd du poids ! Mais soyons honnête, rares sont ceux qui, aujourd'hui, réussiront à mâcher 32 fois avant d'avaler chaque bouchée. En revanche, si nous nous attelons simplement à ne pas manger frénétiquement et à prendre conscience de chaque bouchée, c'est déjà formidable.

L'usage et la popularité de la « méthode Fletcher » ont malheureusement vite été balayés par nos modes de vie à 1000 à l'heure, mais aussi par l'arrivée d'un nouveau procédé révolutionnaire pour la perte de poids : le comptage des calories.

RÈGLE 2

Réinterroger l'utilité de compter ses calories

Une calorie est une unité de mesure énergétique. Pour simplifier, en nutrition, la calorie est la chaleur dégagée par le corps pour « brûler » un aliment. Par défaut, notre corps brûle des calories pour ses fonctions vitales : respirer, faire battre notre cœur, faire circuler le sang, nous maintenir à 37 degrés... C'est ce qu'on appelle notre métabolisme de base.

Nous avons besoin de recourir à davantage de calories lorsqu'on sollicite notre corps, pour faire du sport par exemple. Les régimes minceur les plus plébiscités au monde s'attellent à respecter cette équation basique : pour perdre du poids, il faut être en restriction calorique et faire en sorte que les calories ingérées soient inférieures aux calories dépensées. C'est simple, cela donne une vraie bonne indication et cela fonctionne, c'est indéniable, mais, comme dans tout résumé simpliste, ce raisonnement a ses limites.

EXPLICATIONS :

Toutes les calories ne se valent pas et la seule lecture des valeurs nutritionnelles d'une étiquette n'est pas représentative du niveau de satiété que cela vous apportera en définitive. Si le sujet vous intéresse, pour aller plus loin, je vous encourage vivement à regarder les travaux de Giles Yeo, un professeur de neuroendocrinologie moléculaire (il est aussi pertinent que drôle).

Ce qui est important à retenir dans tout cela, c'est surtout qu'on ne mange pas des calories, on mange de la nourriture dont le corps extrait des calories. Il est important de ne pas tant réfléchir en termes de calories lorsqu'on cherche à contrôler son poids, mais plutôt de répondre à cette question : qu'est-ce qui me nourrit pleinement et réellement ?

RÈGLE 3

Le degré de transformation des aliments comme premier critère de sélection dans son alimentation

La nourriture ultra-transformée ne nous nourrit pas autant que des ingrédients bruts, et nous avons sous-estimé son impact sur notre santé. À calories égales, nous avons besoin de plus de « nourriture » ultra-transformée pour nous sentir rassasié. Indéniablement, l'ultra-transformation pousse à la surconsommation, et donc souvent au surpoids et à toutes les maladies qu'il engendre. Tout ce qui ne peut pas être reproduit autrement que par des processus industriels est de l'ultra-transformation. J'ai été sensibilisée à cela en lisant les travaux d'Anthony Fardet et de Hocine Sekkiou, président de SIGA ® (une application scientifique qui mesure le niveau de transformation de vos aliments).

D'UN POINT DE VUE SCIENTIFIQUE

HOCINE SEKKIOU

PRÉSIDENT DE SIGA®

Les aliments ultratransformés (il faut bien différencier aliment transformé et ultra transformé) sont définis ainsi selon Anthony Fardet (chercheur en alimentation préventive et auteur de deux livres indispensables pour comprendre la nutrition préventive) :

> *« Les aliments ultra transformés sont caractérisés dans leur formulation par l'ajout d'ingrédients et/ou d'additifs cosmétiques à usage principalement industriel. Ces aliments ont subi un procédé de transformation excessif pour imiter, exacerber, masquer ou restaurer des propriétés sensorielles (arôme, texture, goût et couleur). Il peut aussi s'agir de procédés technologiques très dénaturants (cuisson-extrusion, soufflage...). »*

Des études ont démontré que manger en évitant ces aliments peut ajouter 10 ans de vie pour les femmes et 13 ans pour les hommes. Des publications internationales, accréditées par les pairs dans le domaine, ont associé la consommation excessive d'aliments ultra-transformés à des risques accrus de maladies chroniques ou de mortalité précoce. Les « gros » consommateurs ont des risques significativement accrus de surpoids, d'obésité, d'hypertension, de diabète de type 2, de maladies cardiovasculaires, de dépression et de cancers. Il existe également des études sur les effets négatifs sur la fonction rénale, la masse musculaire et l'ADN, mais elles nécessitent confirmation.

IL FAUT DONC RÉDUIRE DRASTIQUEMENT NOTRE CONSOMMATION D'ALIMENTS ULTRA TRANSFORMÉS POUR RÉDUIRE LES RISQUES DE MALADIES CHRONIQUES.

Pour une alimentation saine, il est recommandé de limiter les produits ultra transformés à 1 ou 2 portions par jour, d'augmenter la consommation de produits végétaux à 3 portions par jour, et de diversifier les aliments en consommant plusieurs types différents dans chaque grand groupe alimentaire sur une semaine. Le fait de consommer plus de produits végétaux ultra transformés ne suffit pas pour améliorer sa santé.

Aujourd'hui, environ 11 millions de décès prématurés dans le monde sont dus à une mauvaise alimentation. Pour augmenter l'espérance de vie et rester en bonne santé, il est donc important de suivre les trois dimensions de la règle générique et holistique des 3V (Végétal, Vrai, Varié). Cependant, cela reste théorique et doit être testé dans la réalité.

Je pense donc que la réduction des aliments ultra transformés avec une combinaison des 3V reste une solution possible. Le nutriscore, par exemple, voit le côté réductionniste de l'alimentation (une somme des parties). Aujourd'hui, pour protéger nos VRAI aliments, nous devons voir le côté holistique (*Totum*, le tout) et non les parties (protéines, glucides, et graisses).

Si on prend l'exemple du vinaigre de cidre pour considérer le tout, nous devons aller bien au-delà de son acidité et de sa composition. Selon un prisme holistique, ce qui fait du vinaigre de cidre un vrai aliment, ce sont les variétés de pommes utilisées, le savoir-faire, les personnes qui ont passé du temps dessus, son impact sur la santé, sa qualité, son goût et tant d'autres choses invisibles pour nous et notre esprit.

archie
VINAIGRE de CIDRE

RÈGLE 4

Consommer du vinaigre de cidre !

Pour moi, la consommation journalière du vinaigre de cidre est aujourd'hui indissociable d'une alimentation saine et équilibrée, et d'un régime perte de poids.

Se restreindre, créer de la frustration, c'est un fait. Réfléchir à son alimentation en ajoutant plutôt qu'en supprimant fait du bien et est bien plus utile ! Ajouter du vinaigre de cidre à vos repas permettra plusieurs choses.

→ *Diminuer l'impact glycémique de son repas*

L'impact du glucose dans notre sang participe à un nombre incalculable de maux, dont la difficulté à perdre du poids. Nous avons donc tous intérêt à maîtriser notre glycémie. Et l'activité antiglycémique du vinaigre de cidre fait consensus !

Chez l'animal comme chez l'homme, il a été démontré que l'acide acétique (dont est composé à 80 % le vinaigre de cidre) améliore significativement la sensibilité à l'insuline et diminue l'augmentation de la glycémie après les repas car il ralentit la digestion.

Un certain nombre de personnes dont le diabète est contrôlé connaissent une augmentation de la glycémie au réveil (ce qu'on appelle le phénomène de l'aube). Une étude a révélé que 2 cuillerées à soupe de vinaigre de cidre au coucher réduisaient la glycémie matinale de 4 à 6 % chez l'homme. Dans une autre étude, un repas riche en glucides a été servi avec et sans vinaigre de cidre, pour mesurer la glycémie après le repas, la réponse insulinique et la satiété.

Trente minutes après le repas, l'observation était la suivante : une consommation de vinaigre de cidre entraînait une baisse significative de la glycémie et un haut niveau de satiété ! Si le vinaigre de cidre permet d'arriver plus rapidement à satiété, on a moins faim, on mange moins et donc mécaniquement on perd du poids.

→ *Réduire la masse graisseuse*

Une étude conduite en 2009 au Japon a permis d'observer que la consommation de vinaigre de cidre avait permis non seulement de perdre du poids, mais également de la masse graisseuse. Chez des sujets obèses à IMC (indice de masse corporelle), tour de taille et poids équivalents, il a été administré pendant 12 semaines une même alimentation et 50 cl par jour d'une boisson contenant : pour le premier groupe, 3 cl de vinaigre de cidre, pour le second, 1,5 cl de vinaigre de cidre, et pas de vinaigre de cidre pour le dernier groupe.

À la fin de l'étude, le poids, l'IMC, la surface de graisse viscérale, le tour de taille et le taux de triglycérides étaient significativement plus bas dans les deux groupes ayant pris du vinaigre de cidre que dans le groupe placebo.

→ *Aider à la digestion et faciliter le transit*

Au-delà de nous apporter une glycémie stable et assez d'acidité pour donner un coup de pouce à notre estomac et l'aider à décomposer nos aliments, le vinaigre de cidre est aussi très utile pour stimuler notre digestion. Lorsqu'il est non pasteurisé, il va apporter des prébiotiques précieux pour nourrir les bonnes bactéries de notre microbiote et veiller à son équilibre. Tout ceci va améliorer l'évacuation de nos déchets en en facilitant la sortie.

LA BONNE DOSE

1 CUILLERÉE À SOUPE DILUÉE DANS UN VERRE D'EAU AVANT LE REPAS, TOUJOURS.

Si vous l'oubliez, alors vous pourrez toujours le prendre après le repas. Les bénéfices seront au rendez-vous, mais l'impact sur votre glycémie sera, lui, légèrement réduit.

ASTUCE POUR UNE SORTIE AU RESTAURANT :
N'hésitez pas à mettre votre dose de vinaigre de cidre dans une petite fiole que vous glisserez discrètement dans votre sac à main. À verser dans l'eau plate ou pétillante et à siroter avant le repas. Astuce infaillible pour éviter de se sentir à plat après le repas et limiter les dégâts sur la glycémie d'un repas qui pourrait être un peu trop copieux. !

RÈGLE 5

Augmenter notre métabolisme de base

J'ai longtemps cru que je mangeais trop ! Je regardais les gens à côté de moi, même des hommes qui faisaient deux fois ma taille, et je culpabilisais de pouvoir avaler la même quantité de nourriture sans aucun souci. J'ai un énorme appétit, j'adore manger, c'est un fait. Essayer d'aller contre cela fait non seulement du mal au moral mais amène aussi, indéniablement, à des crises d'hyperphagie. Le corps réclame du carburant, point. Je suis donc faite pour utiliser ce carburant, comme nous tous. Pour pouvoir manger davantage sans prendre de poids, il suffit d'augmenter son métabolisme de base, tout simplement. Cela se résume par cette règle simple :

Le muscle, pour fonctionner, a besoin de bien plus de carburant que la graisse.

Fatalement, si notre masse graisseuse diminue au profit de notre masse musculaire, au repos, notre corps brûlera naturellement plus de calories.

Augmenter sa masse musculaire passe par se muscler en faisant des exercices simples (squats, gainage, soulever des poids...). Et n'ayez pas peur de développer un corps de bodybuilder immédiatement.

LE SAVIEZ-VOUS ?

Les Vikings avaient besoin de 15 000 calories pour être rassasiés et ne pas perdre de poids. Imaginez le budget courses au supermarché pour nourrir l'équipage d'un drakkar !

Il est important d'avoir en tête que l'embonpoint pris avec l'âge n'est absolument pas une fatalité, mais s'explique en partie par le fait que notre métabolisme décroît en vieillissant, du fait d'une perte de masse musculaire (on parle de sarcopénie). Alors on se muscle à tout âge pour pouvoir manger davantage sans conséquence sur la balance et surtout pour garder une énergie au top !

RÈGLE 6

Interdit d'interdire

Parfois, notre corps réclame un œuf, parfois une barre au chocolat. Une bonne santé réside dans la maîtrise et surtout l'écoute de soi. Si on s'attelle à s'écouter réellement, sincèrement, et à autoriser notre véritable envie à exister, il n'y aura plus de crise, plus de comportements compulsifs vers des aliments mauvais pour notre corps à long terme. Accepter sa gourmandise et refuser la privation a été, pour moi, une révélation. Lorsqu'on est enfermé dans un régime minceur à tout prix, on a tendance à opter pour le choix le plus sain au restaurant, les ingrédients les moins caloriques... L'idée permanente de surveillance amène à un moment ou à un autre notre cerveau à vouloir absolument prendre des vacances et donc à se ruer sur la nourriture moins light. Si on arrive à se foutre un peu la paix et à écouter notre volonté de manger ce qu'on souhaite avec maîtrise, on retrouve naturellement l'équilibre.
Alors on fuit les régimes à vie. On parle de changement de mode de vie, sinon rien n'est pérenne. Et on ajoute plus qu'on supprime : on ajoute des fibres, des protéines, du vinaigre de cidre et on n'enlève rien !

RÈGLE 7

Manger l'arc-en-ciel

C'est une jolie façon de dire que les repas doivent être majoritairement et autant que possible constitués de végétaux. Ce sont eux et les épices qui donnent le plus de couleurs à nos assiettes.

Les indispensables du placard

UN VINAIGRE DE CIDRE DE QUALITÉ

Un vinaigre de cidre de qualité dont vous aimerez tellement la bouteille que vous la ferez trôner dans la cuisine pour qu'elle soit visible par tous. Vous savez désormais comment bien le choisir *(voir p. XX)*

DE BONNES HUILES

Attention, toutes ne s'utilisent pas en cuisson et, lorsqu'on choisit une huile, il est important de prendre en compte le point de fumée de chacune. C'est la température au-delà de laquelle elles commencent à se dénaturer et à perdre leurs nutriments.

TOP 5 des bonnes huiles à avoir dans son placard (qui se marieront très bien avec votre vinaigre de cidre) :

→ ***L'huile d'olive extra-vierge, pressée à froid***

Riche en graisses mono-insaturées, on lui alloue de nombreux avantages pour la santé, notamment la réduction du risque de maladie cardiaque et une amélioration du taux de cholestérol. Elle est également une bonne source d'antioxydants et possède des propriétés anti-inflammatoires.

Point de fumée : *environ 210 °C.*

→ ***L'huile de coco***

Malgré sa richesse en graisses saturées et la diabolisation de ces dernières, l'huile de coco a pourtant acquis une belle notoriété pour ses avantages sur la santé, notamment cardiovasculaires.

Elle est également une bonne source d'acide laurique, qui peut avoir des propriétés antivirales et antibactériennes.

Point de fumée : *environ 170 °C.*

→ ***L'huile de sésame***

Cette huile a un goût exceptionnel et est particulièrement plébiscitée dans la cuisine asiatique. En revanche, elle est constituée en majeure partie d'oméga-6 et 9, des acides gras précieux, mais trop présents dans notre alimentation. On veille donc à ne pas en abuser pour ne pas déséquilibrer davantage notre ratio avec les oméga-3 *(voir explications p. 40)*.

Point de fumée : *environ 180 °C.*

→ ***L'huile d'avocat***

Riche en graisses mono-insaturées, elle est une excellente source d'antioxydants. Elle a un point de fumée élevé, ce qui la rend adaptée aux méthodes de cuisson à haute température (grillades, légumes sautés...).

Point de fumée : environ 270 °C.

→ ***L'huile de lin***

Riche en oméga-3, elle est excellente à consommer au quotidien pour contribuer à la bonne santé de nos systèmes cardiovasculaire et nerveux, ainsi que pour réduire l'inflammation. On la consomme toujours à froid.

Point de fumée : *environ 110 °C.*

DES ÉPICES

Au-delà de leur intérêt nutritionnel, les épices sont d'excellents moyens d'agrémenter nos plats de 1001 saveurs sans prendre un gramme. Pour penser à s'en servir autant que possible, rendez-les bien visibles et facilement utilisables dans votre cuisine. Exit les pots cachés dans les placards, investissez dans de jolis contenants et faites-les trôner sur votre plan de travail.

Les épices à avoir dans le placard et comment les combiner avec le vinaigre de cidre en cuisine :

→ ***Le curcuma***

Délayé dans le vinaigre de cidre, cela fera une excellente marinade pour le poulet ou le poisson. Vous pouvez également ajouter un peu de curcuma dans une vinaigrette à base de vinaigre de cidre pour plus de saveur et de couleur.

→ ***La cannelle***

Ajoutez une pincée de cannelle au vinaigre de cidre pour créer une vinaigrette réconfortante et épicée dans vos salades ou pour vos légumes rôtis.

→ ***Le gingembre***

1 cuillerée de gingembre en poudre, du vinaigre de cidre et du miel afin d'obtenir une sauce simple pour des légumes vapeur ou du poulet, avant de les faire cuire à la poêle, au four, ou dans une marinade de tofu.

→ ***L'ail***

Ail en poudre, huile d'olive et vinaigre de cidre forment une vinaigrette simple et efficace pour les salades ou les légumes grillés.

→ ***La cardamome***

Pour un assaisonnement délicieux de vos salades de fruits ou fruits rôtis, mélangez à parts égales cardamome et vinaigre de cidre.

LES SUPERALIMENTS

Ashwagandha, moringa, spiruline… Si ces superaliments existent tous en compléments alimentaires, n'hésitez jamais à les acheter en poudre pour agrémenter vos plats afin qu'ils apportent tous leurs nutriments et bienfaits. Leur usage est moins répandu, leur goût peut être plus surprenant, mais il y a des façons simples et ludiques de les ajouter à vos recettes, dans une omelette par exemple. Chassez vos idées reçues sur les œufs, ils peuvent être aussi délicieux en version salée que sucrée (oui oui oui !).

→ ***Les omelettes bienfaisantes***

On prépare pour chacune des omelettes une salade verte avec un assaisonnement simple et efficace : échalote, huile d'olive et vinaigre de cidre.

Envie de vert ? Préparez une omelette en y ajoutant du moringa et des épinards. Pour l'option orange, préparez vos au plat en y ajoutant du curcuma et de la butternut rôtie. Si c'est le violet qui vous tente, préparez votre omelette avec un peu de poudre d'açaï et de la betterave.

Recettes pour le déjeuner !

BOWL DU MIDI À LA CARTE !

Comme pour le bowl du petit déjeuner vous pourrez, avec cette recette, vous préparer un plat sur mesure en respectant vos goûts et vos envies. La seule chose à respecter ici est l'ordre dans lequel vous ajouterez les ingrédients !

PREMIER INGRÉDIENT ***(à mettre au fond du bowl) :*** 75g d'un de ces ingrédients, au choix : quinoa, blé, épeautre, riz complet, kasha, soba (nouilles de sarrasin), semoule complète ou pâtes complètes. Peu importe la source de glucides que vous choisirez, elle devra bien entendu, être cuite lorsque vous le mettez au fond de votre bowl. En mangeant ce premier ingrédient riche en glucides en dernier et en le prenant aussi complet que possible, vous en limiterez l'impact sur votre glycémie.

Peu importe la source de glucides que vous choisirez, elle devra bien entendu être cuite lorsque vous la mettez au fond de votre bowl. Pourquoi au fond ? Car votre bowl sera ainsi plus riche en glucides, car vous les mangerez en dernier et en les prenant aussi complet que possible, vous limiterez l'impact sur votre glycémie.

DEUXIÈME INGRÉDIENT ***(à disposer sur le premier) :*** une généreuse poignée de vert ! Laitue, romaine, roquette ou même épinards. En sachant que plus c'est vert, plus c'est riche en fibres ! À vous de choisir ! Bien entendu, assaisonnez cette salade de 2 cuil. à soupe de vinaigre de cidre et d'un léger filet d'huile d'olive. N'hésitez pas à pimper votre vinaigrette en y ajoutant un fruit un peu fatigué qui traîne au fond de votre réfrigérateur. Lavez-le, puis mixez-le avant d'assaisonner de vinaigre et d'huile !

TROISIÈME INGRÉDIENT ***(à disposer sur le dessus du bowl) :*** de la protéine afin que votre déjeuner soit parfaitement équilibré !

QUATRIÈME INGRÉDIENT ***(the final touch) :*** Le kif ! Des amandes, noix ou noix de cajou concassées, des graines ou quelques petits morceaux de fruits (framboises, kiwi, pêche...). L'idée est de se faire plaisir et d'agrémenter votre bowl d'une touche d'originalité.

Voici quelques idées de recettes à base de protéines pour vos bowls :

SAUMON TERIYAKI

INGRÉDIENTS

1 cuil. à soupe de sauce soja sucrée
1 cuil. à café de miel
1 pavé de saumon
Graines de sésame

POUR 1 PERSONNE

Préparation : ***5 min***
Cuisson : ***25 min***

RECETTE

1. Préchauffez le four à 180 °C (th. 6).

2. Versez dans un bol la sauce soja sucrée et le miel. Mélangez jusqu'à l'obtention d'une préparation homogène.

3. Badigeonnez le pavé de saumon de la préparation. Disposez-le sur une plaque allant au four recouverte de papier sulfurisé, puis enfournez pour 25 min.

ŒUFS MOLLETS

INGRÉDIENTS

2 œufs

POUR 1 PERSONNE

Cuisson : ***4 min***

RECETTE

1. Portez une casserole d'eau à ébullition. Disposez les 2 œufs dans la casserole d'eau bouillante, puis laissez-les cuire 4 min. Stoppez net la cuisson en mettant les œufs dans un saladier d'eau glacée juste après.

2. Écalez-les, puis coupez-les en deux avant de les disposer dans votre bowl.

POULET AU CURRY

INGRÉDIENTS

½ pomme
1 blanc de poulet
1 cuil. à café de pâte de curry
1 brique de ***20 cl*** de lait de coco
1 poignée d'amandes effilées
Huile neutre

POUR 1 PERSONNE

Temps de préparation : ***5 min***
Cuisson : ***13 min environ***

RECETTE

1. Épluchez, évidez et taillez la pomme en petits cubes. Coupez le blanc de poulet en petits morceaux.

2. Faites revenir la pâte de curry dans une poêle avec un filet d'huile neutre. Ajoutez le lait de coco et les morceaux de blanc de poulet. Laissez mijoter à feu moyen pendant 10 min environ. Ajoutez les petits cubes de pomme et les amandes effilées. Laissez cuire 2 ou 3 min supplémentaires.

BŒUF PIQUANT

POUR 1 PERSONNE

Temps de préparation : ***5 min***
Temps de cuisson : ***10 min***
Temps de repos : ***10 min***

INGRÉDIENTS

1 citron
2 cuil. à soupe de vinaigre de cidre
95 g de carpaccio de bœuf
(l'équivalent d'un carpaccio Picard®)
1 pointe de couteau de harissa
Huile d'olive

RECETTE

1. Préparer une marinade. Pressez le citron afin d'en prélever le jus. Versez celui-ci dans un petit saladier. Ajoutez le vinaigre de cidre et un filet d'huile d'olive. Mélangez énergiquement.

2. Coupez les tranches de carpaccio en fines lamelles, puis disposez-les dans le petit saladier de marinade. Mélangez afin que les lamelles de bœuf s'imprègnent au maximum de la marinade. Laissez reposer pendant 10 min au réfrigérateur.

3. Faites revenir les lamelles de bœuf dans une poêle à feu moyen avec un filet d'huile d'olive pendant 10 min. S'il vous reste de la marinade, n'hésitez pas à l'utiliser pour assaisonner la salade de votre bowl.

CARPACCIO DE SAUMON, ORANGE ET GRENADE,

MARINADE À LA SAUCE SOJA, VINAIGRE DE CIDRE ET CITRON VERT

POUR 1 PERSONNE

Préparation : ***20 min***

Cette recette est absolument idéale si vous n'avez pas un temps infini devant vous et si vous avez envie d'un plat léger, simple et efficace qui vous boostera en oméga-3.

INGRÉDIENTS

4 cuil. à soupe de sauce soja salée
½ orange
½ citron vert
200 g de saumon frais
¼ de grenade
Vinaigre de cidre
Fleur de sel

RECETTE

1. Versez la sauce soja dans un petit saladier. Ajoutez un léger trait de vinaigre de cidre et le jus de ½ citron vert. Mélangez.

2. Coupez le saumon en fines tranches à l'aide d'un couteau, puis disposez les tranches dans le saladier de marinade. Mélangez afin que les tranches de saumon s'imbibent au maximum. Laissez reposer au réfrigérateur.

3. Épluchez, puis égrainez la grenade. Épluchez l'orange, puis prélevez-en des suprêmes. Coupez les suprêmes d'orange en petits morceaux.

4. Disposez harmonieusement les tranches de saumon marinées dans l'assiette de dégustation. Ajoutez dessus 1 cuillerée à soupe de marinade, les grains de grenade et les morceaux d'orange. Pour finir, parsemez de fleur de sel.

Courge butternut rôtie

au sirop d'érable et sauce à la cacahuète

Cette recette mettra clairement des paillettes dans votre vie ! C'est un véritable délice !

Pour 1 personne

Préparation : ***10 min***
Cuisson : ***30 min***

Ingrédients

200 g de courge butternut
3 cuil. à soupe de sirop d'érable
Huile de coco
2 cuil. à soupe de beurre de cacahuètes croustillant ou avec des morceaux
Vinaigre de cidre
Huile d'olive
Sel et poivre

Recette

1. Préchauffez le four à 250 °C (th. 8-9).
2. Épluchez la courge butternut, puis coupez-la en cubes d'environ 3 ou 4 cm de côté. Disposez les morceaux de courge dans un saladier. Arrosez-les de sirop d'érable, et d'un filet d'huile d'olive. Mélangez afin que les morceaux de courge s'imbibent au maximum des liquides. Salez et poivrez à votre convenance.
3. Enfournez pour 30 min.
4. Dans un bol, versez le beurre de cacahuètes, un généreux filet de vinaigre de cidre et un filet d'huile de coco. Mélangez le tout jusqu'à l'obtention d'une sauce homogène. Salez et poivrez si nécessaire.
5. Disposez harmonieusement les morceaux de courge rôtis dans l'assiette de dégustation. Ajoutez dessus des filets de sauce à la cacahuète.

HEALTHY BURRITOS

Que vous optiez pour la version light ou que vous ayez envie de tortillas plus consistantes, l'impact de cette recette sur votre glycémie sera clairement maîtrisé.

POUR 1 PERSONNE OU 2 TORTILLAS

Préparation : ***15 min***
Cuisson : ***12 min***

INGRÉDIENTS

15 cl d'eau
50 g de flocons d'avoine
Cumin
Paprika
Sel

TORTILLAS D'AVOINE

1. Versez l'eau et les flocons d'avoine dans la cuve d'un mixeur. Ajoutez une pincée de sel, une pincée de cumin et une pincée de paprika. Mixez jusqu'à l'obtention d'une pâte liquide et homogène.

2. Faites cuire la pâte dans une poêle très légèrement huilée, comme une crêpe, 3 min sur chaque face à feu moyen.

PS : *Si vous souhaitez transformer ces tortillas en version sucrée, rien de plus simple ! Remplacez les épices par une pincée de cannelle et de vanille en poudre, et le sel par 1 cuillerée à café de miel.*

INGRÉDIENTS

1 cuil. à soupe de feuilles de coriandre fraîches
½ poivron rouge
½ poivron jaune
½ oignon rouge
100 g de blanc de poulet
Mélange d'épices à la mexicaine
Huile neutre
Sel

POULET À LA MEXICAINE (GARNITURE DU BURRITOS)

1. Rincez les feuilles de coriandre et les poivrons sous un filet d'eau. Hachez finement les feuilles de coriandre.

2. Retirez les pédoncules, les pépins et les membranes blanches des poivrons, puis coupez-les en petits morceaux. Épluchez la moitié d'oignon rouge, puis émincez-le finement. Coupez le blanc de poulet en petits morceaux.

3. Faites revenir les morceaux de poulet et de poivrons, l'oignon émincé et une pincée d'épices à la mexicaine avec un filet d'huile neutre dans une poêle à feu moyen.

4. Servez dans une tortilla d'avoine ou une feuille de laitue, si vous souhaitez une version totalement sans glucide.

POIREAUX ET ŒUFS DE SAUMON,

VINAIGRETTE AU TARAMA

Préparation : *10 min*
Cuisson : *15 min*

Que du bon dans cette recette riche en fibres et en oméga-3 !

INGRÉDIENTS

2 poireaux
30 g de tarama
20 g d'œufs de saumon
(ou œufs de truite)
Vinaigre de cidre
Jus de citron
Huile d'olive
Paprika
Sel et poivre

RECETTE

1. Retirez le vert des poireaux et les premières feuilles. Coupez les radicelles. Rincez le blanc des poireaux sous un filet d'eau. Coupez-le en tronçons d'environ 3 cm d'épaisseur. Placez-les dans une casserole d'eau. Portez à ébullition, puis laissez cuire 15 min à feu moyen. Égouttez-les dans une passoire et épongez-les à l'aide d'un papier absorbant afin de retirer un maximum d'humidité. Réservez.

2. Versez le tarama dans un bol, ajoutez un trait de vinaigre de cidre, un léger filet de jus de citron et un filet d'huile d'olive. Mélangez afin de détendre le tarama et de le rendre plus liquide. Ajoutez une pincée de paprika. Si nécessaire, salez et poivrez afin de rectifier l'assaisonnement.

3. Disposez harmonieusement les tronçons de poireaux dans l'assiette de dégustation. Ajoutez la vinaigrette au tarama, puis les œufs de saumon sur le dessus.

SALADE DE FRAISES, BURRATA
ET PESTO MAISON

On utilise des fraises dans cette recette, mais n'hésitez surtout pas à les remplacer par les fruits de saison de votre choix. Pêche ou orange par exemple, seront tout aussi excellentes.

POUR 1 PERSONNE

Préparation : ***15 min***

INGRÉDIENTS

150 g de fraises
1 bouquet de basilic
1 cuil. à soupe de pignons de pin
1 cuil. à soupe de parmesan
1 petite burrata
Huile d'olive
Vinaigre de cidre
Sel et poivre

RECETTE

1. Lavez et équeutez les fraises. Coupez-les en quatre. Lavez délicatement le bouquet de basilic, puis épongez-le afin de retirer un maximum d'humidité. Retirez les tiges et ne gardez que les feuilles. Réservez.

2. Disposez les feuilles de basilic dans la cuve d'un mixeur. Ajoutez les pignons de pin, le parmesan, un filet d'huile d'olive et un filet de vinaigre de cidre. Mixez jusqu'à l'obtention d'une préparation homogène. Assaisonnez de sel et poivre, si nécessaire.

3. Disposez harmonieusement les morceaux de fraises dans l'assiette de dégustation. Ajoutez au milieu la burrata légèrement fendue, puis le pesto sur le dessus.

DESSERT

DESSERT

SORBET À LA FRAMBOISE ET VINAIGRE DE CIDRE

POUR 1 PERSONNE

Préparation : ***5 min***

INGRÉDIENTS

150 g de brisures de framboises surgelées Picard®
1 cuil. à soupe de vinaigre de cidre
1 cuil. à café de miel
10 cl d'eau

Essayer cette recette, c'est l'adopter ! Qui n'a pas envie d'un délicieux sorbet préparé en 5 minutes top chrono ?

1. Attention, le secret de cette recette réside dans le fait que les brisures de framboises doivent être totalement congelées lorsque vous les mixez !

2. Versez tous les ingrédients dans la cuve d'un mixeur. Mixez jusqu'à l'obtention d'une préparation homogène. Dégustez immédiatement !

DESSERT

FONTAINEBLEAU VÉGÉTAL
ET PICKLES DE MANGUE

Vous ne devriez jamais vous sentir coupable d'avoir opté pour un dessert et de clôturer votre déjeuner par une touche sucrée. Si vous souhaitez une option tout en légèreté, le fontainebleau est celle qu'il vous faut !

POUR 1 PERSONNE

Préparation : ***15 min***
Repos : ***1 nuit***

INGRÉDIENTS

5 cuil. à soupe de vinaigre de cidre
1 cuil. à café de miel
½ mangue pas trop mûre
20 cl de crème liquide de coco
150 g de fromage blanc végétal

RECETTE

1. La veille, versez le vinaigre de cidre dans un bol. Ajoutez le miel, puis mélangez énergiquement. Épluchez la mangue et taillez-la en petits cubes. Versez les dés de mangue dans la préparation vinaigre de cidre-miel. Mélangez afin que les dés de mangue s'imbibent au maximum. Laissez reposer une nuit au réfrigérateur.

2. Versez la crème de coco bien froide dans la cuve d'un robot batteur, puis montez-la en chantilly.

3. Dans un saladier, versez le fromage blanc végétal. Ajoutez la chantilly de coco, puis mélangez le tout extrêmement délicatement afin de ne pas « casser » la chantilly.

4. Disposez la préparation dans un bol de dégustation, puis agrémentez de quelques pickles de mangue.

LAISSEZ DE LA PLACE AU PLAISIR

GOÛTER

Avez-vous déjà envisagé des gâteaux au chocolat aux légumes ou entendu parler d'exercice-snack ? Alors voyons comment le vinaigre de cidre va vous emmener explorer ces nouveaux horizons pour le goûter.

Ah, le goûter ! Rien que ce mot nous replonge dans cette douce pause aussi régressive que réconfortante.

Face à ce moment clé de la journée, si l'envie d'une douceur vous fait du pied, on vous propose 3 options :

→ ***Écoutez-vous, faites-vous plaisir et déculpabilisez-vous.***

On a bien le droit d'être indulgent avec nous-même de temps en temps, et tant pis si le côté « healthy » doit quelquefois passer à la trappe. La règle des 80 % - 20 % est indispensable pour une vie équilibrée à long terme. 80 % de bons nutriments et 20 % du reste... Il sera toujours temps de boire une dose de vinaigre de cidre diluée dans l'eau si vous voulez réduire l'impact de ce petit moment de plaisir sur votre glycémie.

→ ***Se prémunir contre la tentation.***

Si vous ne voulez absolument pas succomber à la tentation de manger un quatre-heures et que vous êtes sujet aux fringales, alors sirotez un verre d'eau additionnée d'une cuillerée à soupe de vinaigre de cidre. Son action est indéniable pour lutter contre les envies de sucre. Vous vous sentirez immédiatement rassasié.

Je vous ai parlé de l'étude sur la perte de poids et de masse grasse liée au vinaigre de cidre dans les pages précédentes. J'ajoute à cette dernière une étude menée en 2005 en Arizona, ayant permis l'observation suivante : le fait d'ajouter du vinaigre de cidre dans le repas d'un groupe de personnes menait à une consommation journalière inférieure de 200 à 275 calories, par rapport à ceux qui n'avaient pas eu cette dose de vinaigre de cidre. Sentiment de satiété atteint = moins de calories à avaler entre les mains, on part sur une logique implacable.

LA BONNE DOSE

2 CUILLERÉES À SOUPE DE VINAIGRE DE CIDRE DANS VOTRE GOURDE, À SIROTER TOUT AU LONG DE L'APRÈS-MIDI

Un autre moyen très simple pour éviter la fringale de 16 heures est d'avoir mangé suffisamment de protéines au déjeuner et d'avoir eu une bonne nuit de sommeil. Le manque de sommeil joue en effet énormément sur nos fringales, un manque d'énergie qu'on est facilement enclin à vouloir combler en mangeant.

→ *Accepter de satisfaire son envie d'une pause sucrée, mais avec joie et légèreté grâce à de bons réflexes !*

Plaisir et bons nutriments ne sont pas indissociables, même à 16 heures. Il y a des tas de façons de se faire du bien en consommant des ingrédients doux et réconfortants. Pour cela, il suffit de penser à ajouter deux composants précieux : le vinaigre de cidre et les fibres.

PETIT ZOOM SUR LES FIBRES

Les fibres sont nos alliées lorsqu'on cherche à maîtriser notre glycémie et à limiter l'impact de nos fringales. Même si vous avalez un aliment à indice glycémique élevé, additionner sa prise à des fibres permettra non seulement de vous sentir plus vite rassasié, mais également de faciliter leur passage dans l'intestin. Ces fibres vont agir comme des petites brosses nettoyantes de votre tube digestif. Tout comme le vinaigre de cidre, elles vont aider à réduire la résistance à l'insuline. Ce sont elles qui vont vous permettre d'éliminer vos selles tout en douceur, si vous me permettez l'expression. C'est le signe d'une santé au top.

On néglige souvent l'importance d'avoir une alimentation très riche en fibres. Une étude nationale sur la consommation alimentaire (INCA 2) a révélé que la consommation moyenne de fibres par Français était deux fois inférieure aux recommandations journalières (13 g consommés par jour en moyenne pour 30 g recommandés).

Une consommation trop faible en fibres peut entraîner des problèmes de constipation, certes, mais également des maladies cardiaques, une prise de poids, une carence en nutriments...

3 FAÇONS DE CONSOMMER PLUS DE FIBRES PENDANT VOTRE SNACK :

1. *Miser toujours sur des aliments complets – Remplacer les barres chocolatées par un fruit. Simple, efficace. Si vous pouvez l'additionner de protéines, c'est encore mieux. Les noix, les graines entières en sont de bonnes sources. Vous aurez là un bon combo simplissime pour rester bien rassasié jusqu'au dîner.*

2. *Choisir du vert. Votre humeur, votre poids, votre équilibre hormonal, votre énergie aiment le vert. Ce petit raccourci pour vous signifier que les bonnes bactéries de votre intestin raffolent de tous les aliments qui en contiennent puisqu'ils vont non seulement lui apporter énormément de fibres pour se nettoyer, mais aussi des antioxydants précieux. Vous verrez qu'il est plus facile que vous ne le pensez de marier légumes et plaisirs sucrés.*

3. *Se laisser totalement guider en optant pour les recettes que nous vous avons préparées.*

BREF, FAIRE LE PLEIN DE FIBRES A 16 HEURES, C'EST POSSIBLE !

Sport et vinaigre de cidre : l'exercice-snack

Bouger son corps le plus souvent possible, se déplacer au maximum à pied ou à vélo, ne pas rester assis de façon trop prolongée, mettre un minuteur pour penser à se lever ne serait-ce qu'une fois toutes les heures font partie des choses que nous pouvons mettre en place pour améliorer notre santé et remplir le quota journalier « j'ai bougé ». Mais maintenir un bon niveau cardio et entretenir, voire développer, ses muscles nécessitent un effort supplémentaire.

Alors trouvez le sport qui vous plaît. Dansez, courez, allez à la salle, pratiquez l'escalade ou des arts martiaux, nagez. Peu importe, le meilleur sport sera celui que vous prendrez plaisir à faire, celui qui vous permettra de combattre la flemme. Identifiez bien les activités qui amélioreront votre cardio (qui brûleront des calories sur le moment et entretiendront votre endurance) et celles qui vous muscleront (moins de calories brûlées à l'instant T mais plus bénéfiques sur le long terme pour développer vos muscles et donc brûler davantage de calories au repos). Dans un monde idéal, il faudrait que nous pratiquions les deux.

Mais le sport, ce n'est pas tout ou rien. Où que vous soyez, même si vous n'êtes pas un grand sportif, trouver des moyens d'intégrer une petite séance chaque jour est beaucoup plus facile et tout aussi utile. Nul besoin de se dévouer corps et âme dans une activité physique qui nécessite planification et tenue méga adaptée pour entretenir son corps. Chaque minute compte.

C'est là que l'exercice-snack est ultra-précieux. Des petits mouvements répétés, des séances courtes, à caler avant que la journée ne soit terminée. Soulever des poids, faire des sessions de jumping jack, de cordes à sauter, quelques minutes de Pilates ou de yoga suffisent lorsqu'ils sont faits de façon répétée. 7, 11, 14 minutes par jour d'une activité qui vous fait bouger, forcer un peu sur vos muscles, vous étirer et/ou transpirer, et c'est gagné.

Si je vous parle de sport, c'est que cela fait totalement partie d'un mode de vie vinaigre de cidre ! Les athlètes ne s'en privent pas au quotidien et ce pour plusieurs raisons :

→ *un assistant pour booster la perte de kilos (ça, vous le savez, désormais) ;*

→ *une aide à combattre les crampes : une bonne dose d'électrolytes pour que les muscles continuent à bien fonctionner, compensation des électrolytes perdus par la transpiration. Un excellent reminéralisant ;*

→ *une aide au maintien d'une énergie stable du début à la fin de la séance (en combattant les pics de glucose) ;*

→ *une aide à l'amélioration des performances en raison de la capacité de l'acide acétique à augmenter le métabolisme des lipides etla reconstitution du glycogène ;*

→ *en massage pour lutter contre les crampes (cf. trousse à pharmacie, page XX).*

Alors, petite session de sport en mode snacking ou grosse séance en vue : une gourde + 2 cuillerées à soupe de vinaigre de cidre, et le tour est joué.

GUMMIES
AU VINAIGRE DE CIDRE

Préparation : *5 min*
Repos : *1h*

INGRÉDIENTS

25 cl de vinaigre de cidre
50 g de miel
2 g d'agar-agar
Fécule de maïs

Des bonbons qui font du bien ? On n'en a jamais été aussi près. Ces petits gummies contiennent non seulement votre vinaigre de cidre mais aussi du miel. Ces deux-là sont deux meilleurs amis depuis très longtemps car on dit du miel qu'il était lui aussi l'un des premiers antibiotiques naturels. Attention toutefois à ne pas en abuser, le miel reste un ingrédient très sucré ! Le vinaigre de cidre viendra cependant compenser un peu son action sur la glycémie, alors pour un moment de plaisir contrôlé, testez cette recette d'une simplicité folle.

RECETTE

1. Versez le vinaigre de cidre et le miel dans une casserole. Ajoutez l'agar-agar en très légère pluie afin de ne pas faire de grumeaux.

2. Portez à ébullition puis versez dans un moule à gummies. Laissez reposer 25 min à température ambiante puis 45 min au réfrigérateur.

3. Saupoudrez les gummies d'un peu de fécule de maïs après les avoir démoulés afin qu'ils ne collent pas.

GOÛTER

Muffins aux épinards

Je vois votre tête dubitative, mais n'ayez crainte ces muffins sont vraiment délicieux. Mettons cette petite appréhension de côté et tous les conseils de ce livre en application. Vous avez là un petit encas original, gourmand, riche en fibres, avec une touche de vinaigre de cidre qui viendra parfaire le tout.

Pour 12 muffins

Préparation : ***10 min***
Cuisson : ***30 min***

Ingrédients

120 g de farine
5 cuil. à soupe d'eau
2 bananes bien mûres épluchées et coupées en rondelles
30 g de feuilles d'épinards fraîches *(ne prenez surtout pas d'épinards surgelés, cela ajouterait de l'humidité à votre préparation)*
10 cl d'huile de coco
10 cl de sirop d'érable
1 cuil. à café de vinaigre de cidre
½ sachet de levure chimique
Cannelle
Arôme de vanille liquide
60 g de pépites de chocolat

Recette

1. Préchauffez le four à 180 °C (th. 6). Disposez 12 caissettes à muffins dans un moule à muffins.

2. Versez tous les ingrédients dans la cuve d'un mixeur, sauf les pépites de chocolat. Ajoutez de la cannelle et de l'arôme de vanille liquide à votre convenance. Mixez jusqu'à l'obtention d'une préparation homogène. Ajoutez ensuite les pépites de chocolat. Mélangez à l'aide d'une fourchette.

3. Versez la préparation dans les caissettes à muffins puis enfournez pour 30 min. Laissez refroidir avant de déguster.

CRUMBLE COURGE, POMME, CANNELLE

On continue dans la gourmandise aux légumes et maxi riche en fibres, apportées par la courge, les pommes entières et les flocons d'avoine. Ce crumble étant une vraie douceur sucrée, je vous conseille de boire une cuillerée à soupe de votre vinaigre de cidre diluée dans un verre d'eau avant d'attaquer la première bouchée.

Préparation ***15 min***
Cuisson : ***45 min***

INGRÉDIENTS

450 g de courge butternut
2 pommes vertes
80 g de sirop d'érable
3 cuil. à soupe de cannelle
1 cuil. à café de vinaigre de cidre
Arôme de vanille liquide
250 g de flocons d'avoine
80 g de sucre de coco
50 g de poudre d'amande
Sel
80 g de beurre

RECETTE

1. Préchauffez le four à 180 °C (th. 6).

2. Sortez le beurre du réfrigérateur et laissez-le reposer sur le plan de travail afin qu'il devienne pommade.

3. Épluchez la courge puis taillez-la en cubes d'environ 3 cm de côté. Épluchez, épépinez puis râpez les pommes.

4. Dans un saladier, versez le sirop d'érable, les cubes de courge, les pommes râpées, 2 cuillerées à soupe de cannelle, le vinaigre de cidre et quelques gouttes d'arôme de vanille. Mélangez le tout.

5. Dans un autre saladier, versez les flocons d'avoine, le sucre de coco, 1 cuillerée à soupe de cannelle, la poudre d'amande et une petite pincée de sel. Ajoutez le beurre pommade. Mélangez jusqu'à l'obtention d'une préparation homogène.

6. Disposez le mélange de courge et pommes dans un plat allant au four d'environ 20 x 20 cm. Recouvrez de la préparation à base de flocons d'avoine. Enfournez pour environ 45 min.

7. N'hésitez pas à servir avec une boule de glace vanille !

GOÛTER

BROWNIE AUX COURGETTES

Vous vous souvenez de la règle des 80-20 % ... on est clairement sur les 20 % de plaisir ici. Intentionnellement, je n'ai pas voulu proposer un brownie trop « healthy » : vous y trouverez du sucre, du lait concentré... C'est assumé. Les courgettes viendront apporter les bonnes fibres pour une meilleure digestion et donc limiter l'impact sur la glycémie (complétées par l'action de votre fidèle vinaigre de cidre). Mais ce brownie reste un dessert incroyablement savoureux et sucré. Alors vous connaissez la musique : avant d'attaquer cette dégustation et d'entrer dans le kiff absolu, on boit une cuillerée à soupe de vinaigre de cidre diluée dans un verre d'eau. La base étant posée, à vous de jouer.

Préparation : ***10 min***
Cuisson : ***35 min***

INGRÉDIENTS

250 g de farine
200 g de sucre en poudre
50 g de cacao en poudre
½ sachet de levure chimique
1 pincée de sel
200 g de courgette
20 cl de lait concentré
1 cuil. à café de vinaigre de cidre
4 cuil. à soupe d'huile végétale
Arôme de vanille liquide
100 g de pépites de chocolat

RECETTE

1. Préchauffez le four à 180 °C (th. 6).

2. Tapissez un moule d'environ 30 x 20 cm de papier sulfurisé. Graissez très légèrement le tout avec un peu d'huile végétale.

3. Versez la farine, le sucre, le cacao, la levure chimique et une pincée de sel dans un saladier. Mélangez jusqu'à l'obtention d'une pâte homogène. Réservez.

4. Lavez la courgette sous un filet d'eau, coupez les bouts, puis râpez-la à l'aide d'une râpe à grosse grille.

5. Dans un saladier, versez le lait concentré, le vinaigre, l'huile et quelques gouttes d'arôme de vanille à votre convenance. Mélangez jusqu'à l'obtention d'une pâte homogène. Ajoutez cette préparation à celle à base de farine, puis mélangez jusqu'à totale incorporation.

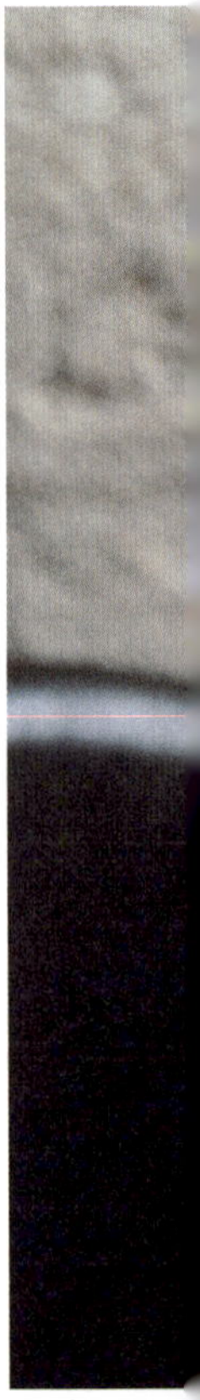

SOIR

La fin de journée approche et voilà ce que je vous propose : utiliser votre vinaigre de cidre pour un début de soirée festif, un dîner en toute légèreté et pour vous assurer un sommeil de grande qualité. Vous avez dit impossible ? Parfait, alors suivez le guide ! »

APÉRO

APÉRO

Si vous avez décidé que ce soir il serait bon de se détendre autour d'un petit verre, on a ce qu'il vous faut.

ZOOM SUR LE SHRUB

Je vais vous parler d'un temps que les moins de 200 ans ne peuvent pas connaître. Cela nécessite un petit effort de projection, à l'heure où les sodas et les boissons énergisantes pleines d'additifs n'existaient pas.

L'histoire raconte que le shrub tient ses origines de l'Angleterre, lorsqu'on versait traditionnellement du vinaigre sur les fruits frais pour en assurer la conservation. Après avoir consommé les fruits, le liquide était réduit en sirop par l'ajout de sucre. On obtenait alors un vinaigre aromatisé qui était utilisé comme tonic santé appelé « shrub ». Son goût étant un délice, ce qui n'était franchement pas le cas des médicaments de l'époque, la population s'en méfiait : « Trop bon pour être efficace. » On avait coutume de penser que si ce n'était pas imbuvable, cela signifiait que ça n'apportait aucun bénéfice. Le shrub s'est donc affranchi d'un usage strictement santé et est devenu la principale boisson sirotée au quotidien par les travailleurs nord-américains pour lutter contre la chaleur. De façon surprenante, le shrub comme rafraîchissant était consommé chaud pour maintenir un certain « équilibre » du corps. Sa richesse en potassium permettait de remplacer l'électrolyte perdu en transpirant lors de longues journées de travail sous un soleil brûlant.

Le shrub, même s'il permet de conserver les nombreux bénéfices santé du vinaigre de cidre, n'en reste pas moins un sirop plaisir contenant une part importante de sucre. Il ne faut donc pas compter sur lui pour stabiliser ou réduire la glycémie, mais le voir davantage comme une boisson énergisante naturelle riche en prébiotiques, en minéraux et en vitamines.

L'arrivée du Coca-Cola dans le quotidien de tous a dérobé au shrub sa place de numéro 1 dans l'univers des boissons les plus énergisantes, mais il n'a pas disparu pour autant : il est devenu au fil du temps une base de référence pour la préparation de mocktails et de cocktails.

SHRUB

COMMENT PROCÉDER

Choisissez votre base

- ***Coupez 500 g de fruits :*** les fruits rouges étaient les plus fréquents dans la préparation des shrubs, mais, là encore, faites confiance à votre envie. Pommes, poires, figues, raisins, gingembre… seront des options toutes aussi délicieuses.
- ***500 g de vinaigre de cidre***
- ***Prévoyez 500 g de sucrant :*** du miel, du sirop d'agave, du sirop de dattes… À vous de choisir l'option qui vous convient le mieux. On utilisait traditionnellement de la mélasse.
- ***Optionnel mais délicieux :*** les herbes et épices de votre choix. Ajoutez basilic, thym, poivre, cannelle, romarin… à votre préparation. Tout est possible.
- ***Des idées de combinaison :***

  MIEL + GINGEMBRE + CANNELLE
  SIROP D'AGAVE + POMME + THYM
  SIROP DE DATTES + PÊCHE + ROMARIN

  La seule limite sera votre imagination.

Préparez votre shrub

- Dans un pot en verre, placez les ***fruits coupés en morceaux*** et recouvrez-les de vinaigre de cidre. On utilise traditionnellement le ratio ***« 1 pour 1 »***, mais l'idée est surtout que les fruits soient bien recouverts de vinaigre.
- ***Laissez la préparation dans le réfrigérateur*** pendant 1 semaine minimum.
- Après ces quelques jours, récupérez le liquide en enlevant les fruits.
- Ajoutez-y une part égale de ***sucrant***.
- ***Faites chauffer dans une casserole*** le mélange, à feu doux, jusqu'à ce que le sucre soit bien dissout.
- ***Placez le liquide récupéré*** dans un pot : vous avez votre base de shrub.
- ***Pour une version non alcoolisée :*** pour une dose de shrub, ajoutez 6 doses d'eau plate ou pétillante et ***servez bien frais*** avec des glaçons.

Créez votre cocktail !

CONSEIL

Si vous n'avez ni le temps ni l'envie de préparer un cocktail, mais que vous tenez à avoir une touche d'originalité dans votre boisson alcoolisée, alors prenez simplement un bon cidre fermier brut et ajoutez-y quelques gouttes de vinaigre de cidre. Cela permet de rehausser instantanément le goût de la pomme. Une originalité délicieuse !

archie
VINAIGRE
de CIDRE

archie
VINAIGRE
de CIDRE
200 ml

Recettes pour l'apéro !

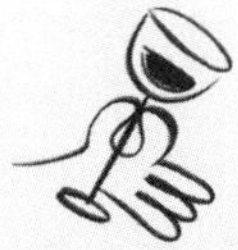

COCKTAIL DE RUBA KHOURY DU BAR DIRTY LEMON

Pour épater vos convives, on a pensé à vous.
On est allé demander conseil à la mixologue la plus cool de tout Paris :
***Ruba Khoury, la fondatrice du* Dirty Lemon.**

POUR 1 PERSONNE

Repos : ***48 h***
Préparation : ***10 min***

48h avant de faire le cocktail, il faut préparer un pickles d'oignons.

INGRÉDIENTS

Pickles d'oignons :
1 gros oignon rouge
25 cl vinaigre archie
20 g sucre
10 g sel
1 gros oignon rouge
coupé en pétales

Cocktail :
4,5 cl de saké
1 cl de myrte
1 cl de saumure d'oignon rouge
4 gouttes de bitter Sirene
solution saline ou sel
(à votre convenance)

On a mis Ruba au défi de préparer un cocktail original au vinaigre de cidre. Voici sa recette :

RECETTE

Pickles d'oignons :

1. Coupez l'oignon rouge en pétales.
2. Mélangez le vinaigre, le sucre et le sel jusqu'à ce qu'ils soient bien dissouts.
3. Disposez les pétales d'oignons dans un bocal puis ajoutez dessus le mélange.
4. Laissez les oignons mariner au moins 48 heures.

Cocktail :

Mélangez tous les ingrédients dans un shaker avec des glaçons pendant au moins 10 min, puis déguster.

SOIR

BLOODY MARY

AU VINAIGRE DE CIDRE

Le saviez-vous ? Plusieurs versions existent à propos de l'histoire de ce cocktail. Notre préférée est celle impliquant l'illustre Hemingway. Il cherchait un cocktail dont l'odeur ne soit pas trop forte pour éviter de mettre en colère sa douce épouse, Mary, qui n'appréciait pas franchement le penchant de son mari pour l'alcool. L'histoire ne dit pas si on y ajoutait une lichette de vinaigre de cidre pour rehausser le goût de ce cocktail iconique.

Préparation : ***5 min***

INGRÉDIENTS

10 cl de jus de tomate
100 g de pulpe de tomate *(idéalement avec un peu de morceaux)*
5 cl de vinaigre de cidre
5 cl de vodka
1 cuil. à soupe de sauce Worcestershire
Tabasco
Sel de céleri

RECETTE

1. Versez le jus et la pulpe de tomate, le vinaigre de cidre, la vodka et la sauce Worcestershire dans un shaker.

2. Ajoutez quelques gouttes de Tabasco. Assaisonnez de sel de céleri à votre convenance, puis mélangez jusqu'à l'obtention d'une boisson homogène. Servez bien frais, avec des glaçons.

GOLDEN HOUR COCKTAIL

Pour un petit cocktail qui sent bon l'Italie, dégainez votre bouteille de limoncello et faites place au soleil.

POUR 1 PERSONNE

Préparation : ***5 min***

INGRÉDIENTS

20 cl de jus de pamplemousse
5 cl de vinaigre de cidre
3 cl de limoncello
3 cl de gin

RECETTE

Versez tous les ingrédients dans un shaker, puis mélangez jusqu'à l'obtention d'une boisson homogène. Servez bien frais, avec des glaçons.

GOLDEN
HOUR

CRACKERS SALÉS

POUR 4 PERSONNES

Préparation : *10 min*
Cuisson : *1 h*

INGRÉDIENTS

50 g de farine de seigle
50 g de farine complète
50 g de farine T45
10 cl d'eau
15 cl d'huile végétale
1 généreuse pincée de levure chimique
1 généreuse pincée de graines de sésame
Fleur de sel et poivre du moulin

Exit les chips et les gâteaux apéritifs industriels, voilà de quoi satisfaire la faim conviviale qui accompagnera votre petit verre de la meilleure des façons.

1. Préchauffez le four à 150 °C (th. 5).

2. Versez tous les ingrédients dans la cuve d'un robot batteur. Assaisonnez de fleur de sel et de poivre à votre convenance, puis mélangez pendant 10 min à vitesse moyenne, à l'aide de la feuille.

3. Étalez assez finement la préparation ainsi obtenue entre deux feuilles de papier sulfurisé, à l'aide d'un rouleau à pâtisserie. Retirez la feuille du dessus, puis détaillez les crackers dans la forme que vous souhaitez. Il peut s'agir de ronds ou de rectangles, par exemple.

4. Enfournez pour 1 h. Laissez refroidir les crackers avant de les retirer de la feuille de papier sulfurisé.

DIP FRAÎCHEUR

POUR 4 PERSONNES

Préparation : *10 min*

INGRÉDIENTS

2 citrons verts
½ bouquet de menthe
200 g de yaourt au lait de brebis
200 g de feta
2 cuil. à soupe de vinaigre de cidre
5 cl d'huile d'olive
Poivre du moulin

Ce dip peut se déguster avec les crackers de la recette précédente, mais aussi accompagné de tomates cerises ou de bâtonnets de céleri, de concombre ou de carotte.

1. Prélevez le jus des citrons verts. Effeuillez la menthe. Rincez les feuilles sous un filet d'eau puis épongez-les au maximum et ciselez-les.

2. Versez le yaourt de brebis dans un bol. Émiettez dessus la feta. Mélangez jusqu'à l'obtention d'une préparation homogène. Ajoutez le jus de citron vert, le vinaigre de cidre, les feuilles de menthe et l'huile d'olive. Assaisonnez de poivre à votre convenance. Mélangez à nouveau jusqu'à l'obtention d'une préparation homogène. Ce dip se déguste idéalement frais.

DIP FRAICHEUR
CRACKERS

PASSER À TABLE

PASSER À TABLE

L'heure du dîner est arrivée et vous avez chaque soir la possibilité de faire de ce moment un rituel de grande qualité qui vous permettra de clôturer le jour qui se termine en beauté.

RITUEL

Rituel du passage à table

Si vous n'avez pas le temps, que votre journée a été harassante, stressante et pleine d'adrénaline, alors il est encore plus urgent de le prendre, ce temps, et d'appuyer sur « pause ».

Ce moment est le vôtre et, avec ces quelques petits conseils, vous verrez à quel point vous avez le pouvoir d'influencer positivement la perception de l'entièreté de la journée qui vient de s'écouler. Qu'elle ait été géniale ou qu'elle n'ait pas été à la hauteur de vos attentes, elle mérite d'être honorée par un dîner réconfortant, peu importe que vous le preniez seul ou accompagné.

DRESSER LE COUVERT

Manger de façon saine va bien au-delà de la nourriture que nous avalons. C'est également manger en conscience et porter une attention réelle à notre environnement. Cela aura un impact direct sur notre faculté à apprécier ce que nous mangeons, mais également sur notre digestion.

Pour cela, quelques règles de base simplissimes peuvent être respectées lorsque vous dressez le couvert :

→ *Utiliser de jolis ustensiles, simples, de bonne qualité, fabriqués avec ces matières nobles. J'aime les tables très colorées, mais le choix d'assiettes de couleur peut venir influencer la qualité perçue du repas et l'apparence de la nourriture servie. On mange en première intention avec les yeux, alors misez plutôt sur la sobriété et optez pour des bols et des assiettes de couleur neutre.*

→ *Dresser la table en portant attention aux détails et aux objets qu'on y dispose a aussi cette capacité à montrer à vos hôtes, qu'ils soient invités ou que vous viviez sous le même toit, l'importance qu'ils ont pour vous. En étant seul, c'est aussi une façon simple de vous honorer (car vous le méritez, rappelez-vous que vous êtes la personne la plus importante de votre vie !). Une jolie serviette bien enroulée, une nappe ou des sets de table en lin, un porte-couverts, un bouquet de fleurs fraîches, ce genre de petits riens anodins qui changent parfois tout.*

METTRE LES BONS INGRÉDIENTS SUR LA TABLE

→ *L'eau*

Boire de l'eau à table, bonne ou mauvaise idée ? S'il n'y a pas à ce jour de consensus net sur la question, c'est que la réponse dépend de ce que vous cherchez. Si votre objectif est de ne pas avoir faim, alors vous allez devoir veiller à ce que votre estomac soit bien rempli. Dans ce cas, boire de l'eau pendant que vous mangez sera utile car cela rendra le travail de digestion un peu plus complexe et vous permettra d'avoir rapidement cette sensation de ventre bien tendu.

Toutefois, au moment du dîner, on aimera plutôt se sentir léger et observer une digestion rapide. Dans ce cas, il vaut mieux laisser l'estomac effectuer son travail et ne pas diluer dans l'eau l'acide qu'il produit pour la décomposition plus rapide du bol alimentaire. Prenez donc la décision ou non de boire durant votre repas en fonction de l'état dans lequel vous souhaitez vous sentir et ce que vous jugez être le mieux pour vous.

Quoi que vous choisissiez, la boisson à privilégier sera toujours l'eau ! Si vous ressentez des problèmes de digestion, l'usage de boissons gazeuses peut augmenter l'inconfort. Elles apportent un excès de gaz qui n'est pas franchement le bienvenu lorsqu'on est déjà sujet aux ballonnements.

→ *Les condiments*

En guise d'exhausteurs de goûts et pour leur apport facile en super nutriments, faites trôner au moins deux condiments sur votre table du dîner.
Les traditionnels sels et poivres sont toujours les bienvenus, mais attention à ne pas abuser du sel. Privilégiez donc l'originalité en disposant sur votre table des herbes et des épices qui vous permettront de découvrir de nouvelles saveurs et d'éviter l'ajout de sel en excès. On a tendance à avoir la main lourde.

→ *Le vinaigre de cidre sur la table*

Chez moi, le vinaigre de cidre est systématiquement présent sur la table lors de dîners en famille ou lorsque je reçois. Certains l'utiliseront en guise d'apéritif, d'autres comme condiment. Si vos invités interrogent sa présence, il est aussi un sujet de conversation infini. Bref, son intérêt à table est vraiment multiple : raison pour laquelle il est toujours nécessaire de ne pas oublier sa bouteille en dressant le couvert.

Vous savez désormais qu'une cuillerée à soupe diluée dans l'eau avant le repas permet de nous assurer une certaine maîtrise de notre glycémie. Mais ses bienfaits sur notre glycémie sont-ils les mêmes lorsque le vinaigre de cidre est pris durant le repas ou dans l'eau quelques minutes avant de manger ? Quand il est mélangé au bol alimentaire, ses effets pourraient être légèrement diminués en fonction de ce que vous mangez. Il est pour cela préférable de le consommer idéalement quelques minutes avant le repas, si ce n'est pas pour l'utiliser en tant qu'assaisonnement. Si votre dîner est très faible en glucides, gardez votre verre d'eau et de vinaigre de cidre pour plus tard.

L'intérêt de consommer du vinaigre de cidre le soir est d'autant plus important qu'il nous permet de maîtriser un processus qui se produit naturellement avant notre réveil, appelé le phénomène de l'aube. Le phénomène de l'aube apparaît lorsque notre nuit touche à sa fin. Notre corps libère alors de façon naturelle des hormones préparant notre corps à son réveil, et engendre certaines fois une sécrétion de glucose importante, pouvant chez certaines personnes augmenter fortement la glycémie au réveil. Un verre de vinaigre de cidre avant le repas ou au coucher aidera à la maîtrise de cet effet.

→ *Faut-il encore mettre le pain sur la table ?*

Nous avons parfois tendance à garder de vieilles habitudes, sans réinterroger leur pertinence « parce que c'est comme ça ». Si dresser la table en y mettant systématiquement quelques morceaux de pain était jadis un signe d'hospitalité et permettait de satisfaire la satiété de ses convives, aujourd'hui les paramètres ont changé, et c'est en général une mauvaise habitude dont on devrait sans doute se passer.

EXPLICATIONS : le pain blanc, le plus largement distribué de nos jours, est une bombe glucidique dénuée d'intérêt nutritionnel. Il est généralement pauvre en nutriments. Sa consommation augmente la production d'insuline et, dans ces conditions, avaler un morceau de ce pain avant votre repas revient grossièrement à accroître le nombre de calories ingérées et votre envie de manger. Alors, pour éviter le gâchis et la tentation d'avaler des calories vides, il sera toujours préférable d'éviter de servir de façon systématique du pain à table. À moins d'interroger son usage et sa qualité...

RENCONTRE

ADRIANO FARANO

FONDATEUR DE PANE VIVO

Du bon pain qui fait du bien, c'est possible ?

Dans mon parcours d'entrepreneuse avec Archie, j'ai fait de jolies rencontres avec des gens passionnés, dont Adriano Farano. Ex-journaliste, il a décidé de proposer « le pain qui fait du bien », devenu la devise de sa boulangerie, Pane Vivo. Ses connaissances et son amour du bon pain sont précieux et j'ai décidé de vous partager quelques bouts de nos discussions ici.

Adriano, peux-tu me dire pourquoi le pain moderne est devenu néfaste à notre santé et en quoi celui que tu proposes est fondamentalement différent ?

— Tout d'abord, au fil des hybridations génétiques, le blé est devenu de plus en plus indigeste, ce qui peut causer toutes sortes d'inflammations intestinales. J'ai donc fait analyser trente-cinq variétés de blé et j'ai choisi la seule dont le gluten se dégradait à 100 %, d'après des analyses in vitro. Cinq fois moins productif que les blés modernes, ce blé donne un pain que la plupart des intolérants au gluten parviennent à consommer pour leur plus grand bonheur. Ensuite, le pain est désormais rangé dans la catégorie des aliments dotés de calories vides, à savoir pauvres en nutriments. Pour ce qui est des oligoéléments, par exemple, Pane Vivo contient presque autant de fer que la viande rouge, soit le double d'un pain complet normal.
Enfin, toujours classé dans les manuels scolaires parmi les sucres lents, le pain affiche en réalité un indice glycémique (IG) bien élevé. Ce n'est pas uniquement le pain blanc, à juste titre utilisé comme « base 100 » à la place du glucose pur dans les analyses de l'IG. Non, selon une étude financée par l'Association de la meunerie française, le pain complet affichait un IG de 85... supérieur à celui du Coca-Cola !

L'alimentation n'est pas uniquement une affaire de calculs nutritionnels. C'est notre culture et notre histoire qui sont en jeu. Alors, lorsque j'ai compris que l'aliment le plus emblématique de l'histoire de l'humanité était devenu un poison, j'ai senti le besoin de résister, de chercher une solution.

Avec Pane Vivo, nous l'avons trouvée. Notre pain affiche un IG bas (48,6) sans l'ajout d'aucun ingrédient auxiliaire. Cet indice a été mesuré dans le cadre d'une véritable étude clinique avec des analyses in vivo conduites par l'hôpital d'Avignon. Ce faisant, Pane Vivo est devenue la première boulangerie à l'origine d'une étude clinique, ce qui nous a valu également l'obtention du statut de jeune entreprise innovante, décerné par le ministère de la Recherche et de l'Enseignement supérieur.

Par conséquent, plusieurs clients diabétiques consomment notre pain quotidiennement et plusieurs diabétologues et nutritionnistes le conseillent à leurs patients.

Souvent, ils sont surpris de découvrir qu'en plus d'être sain, il est également très bon !

Notre secret ? Une liste d'ingrédients qui se résume à de la farine, de l'eau, du levain et du sel (30 % en moins que les autres pains). Et surtout, faire la part belle à la biodiversité, aux variétés anciennes et à la fermentation 100 % au levain naturel. Un pain sain et gourmand, digeste et délicieux, c'est donc possible.

CONTRÔLER LES BRUITS QUI VOUS ENTOURENT

Se tenir loin de la télévision pendant les repas est une habitude à adopter : vous ne maîtrisez pas les informations qui y sont diffusées, les messages que vous allez entendre et donc les émotions que cela va vous procurer. Retenez également qu'en regardant la télévision en mangeant, le cerveau est distrait, envoie de mauvais signaux au corps et entrave la perception du goût, de la satiété et de la satisfaction ! Alors exit la TV et ses actualités anxiogènes durant ce moment précieux qu'est le dîner.

Néanmoins, lancer une playlist de musique durant votre repas peut avoir une incidence très positive.

Avez-vous déjà prêté attention aux musiques passées dans les restaurants ? Les choix ne sont pas anodins : les musiques rapides stimulent les clients et les encouragent à manger rapidement et à partir vite. Le choix de musiques « lounge », plus posées et calmes, au contraire, convient pour des restaurants plus haut de gamme qui souhaitent amener les clients à prolonger l'expérience au sein de leur établissement et à commander davantage. Alors, à la va-vite, en mode détente ou festif ? Demandez-vous dans quelle atmosphère vous souhaitez déguster votre dîner et allumez la musique !

OBSERVER QUELQUES MINUTES DE PAUSE AVANT DE DÎNER : LA PUISSANCE DE LA GRATITUDE

Tout au long de l'histoire de l'humanité, dans des religions et cultures différentes, on a observé un moment avant chaque repas pour remercier les aliments qu'on s'apprêtait à consommer. Cette pratique s'est largement perdue et pourrait même sonner aujourd'hui un peu étrange, j'en conviens. Mais faire une pause de quelques secondes pour apprécier visuellement et observer une certaine forme de gratitude pour ce qui se trouve dans notre assiette restent un acte fort.

Honorer sa nourriture comme on se devrait d'honorer son corps chaque jour est d'une puissance absolument dingue, et je vous encourage vivement à essayer de reposer tout de suite cette fourchette et de prendre le temps de marquer cette petite pause. Rien qu'un merci, vous le verrez, a ce pouvoir de modifier toute la perception de la consommation du dîner qui vient.

La gratitude apporte de la joie et déclenche l'arrivée en cascade d'autres émotions positives. Elle diminue le sentiment dépressif et d'anxiété, renforce notre système immunitaire et diminue notre pression artérielle. Oui, on ne parle ici que d'un simple petit moment conscient à observer avant le repas dont les effets bénéfiques ont été observés par l'université de Berkeley en Californie. J'ai remarqué pour ma part que le fait de prendre ce petit temps avant de dîner me permettait non seulement de manger moins vite mais également d'obtenir une satiété plus rapide.

Bref, comme ajouter du vinaigre de cidre à son quotidien, éprouver de la gratitude fait partie des petites actions qui, par leur efficacité immédiate, nous encourage à adopter cette pratique de façon pérenne.

DÎNER !

« Petit-déjeuner comme un roi, déjeuner comme un prince, dîner comme un mendiant » fait partie des vieux adages qu'il est, là encore, intéressant d'interroger. L'apport calorique qu'il vous sera nécessaire d'avoir lors de votre repas du soir ne devrait pas tant être corrélé au moment de la journée, mais davantage relié à votre niveau d'activité durant la journée, aux repas précédents et surtout à votre sensation de faim.

Toutefois, il est certain que pour faciliter le sommeil, réduire les effets sur la glycémie et mieux digérer, ce dîner, s'il est trop copieux, devrait mieux être pris deux heures minimum avant votre coucher.

Recettes de bouillons !

LES BOUILLONS

Siroter un bouillon en guise de repas du soir, c'est la possibilité de se sentir correctement rassasié et léger avant d'aller vous coucher sans augmenter votre glycémie. Bref, on aime les bouillons. On vous propose ici 3 variantes avec une base identique et des temps de cuisson différents. Au même titre que les bowls du petit déjeuner ou les salades du midi, n'hésitez pas à les pimper à votre guise. Toutes ces préparations vous permettront de réaliser 3 à 4 litres de bouillons qui pourront servir pour toutes les recettes suivantes. Votre vinaigre de cidre viendra ajouter sa saveur et amener ses bons nutriments.

LE BOUILLON D'OS DE BOEUF

Préparation : ***10 min***
Cuisson : ***10 h 20***

INGREDIENTS

2 blancs de poireaux
2 carottes
3 branches de céleri (avec les feuilles)
2 kg d'os de bœuf minimum (articulations)
2 os à moelle
200 g de queue de bœuf
2 cuil. à soupe de vinaigre de cidre
Huile d'olive
Les épices de votre choix : anis étoilé, curcuma, baies de poivre timut, etc.
Sel et poivre du moulin

Saviez-vous que le bone broth *(ou bouillon d'os) est une star dans l'univers de la beauté ? D'une richesse dingue en collagène, sa consommation est plébiscitée notamment pour ses bénéfices sur la peau mais aussi pour les articulations et la santé intestinale. Sa popularité est telle que de nombreuses marques cosmétiques proposent désormais des bouillons d'os déjà préparés.*

RECETTE

1. Retirez les premières feuilles des blancs de poireaux, puis rincez-les sous un filet d'eau. Retirez les radicelles, puis coupez-les en tronçons.

2. Épluchez les carottes et les branches de céleri, puis coupez-les grossièrement. Hachez les feuilles de céleri.

3. Faites revenir les os de bœuf avec un généreux filet d'huile d'olive dans un faitout à feu vif pendant 10 min. Baissez à feu moyen puis ajoutez les os à moelle et les morceaux de queue de bœuf, les légumes et les épices de votre choix. Faites revenir 10 min. Ajoutez 4 litres d'eau dans le faitout, puis assaisonnez de sel et de poivre à votre convenance.

4. Portez à ébullition, puis filtrez à l'aide d'une écumoire les impuretés qui se forment à la surface de l'eau. Baissez ensuite le feu, puis laissez cuire 10 h à feu doux et à couvert. La cuisson de ce bouillon est longue, mais un maximum de collagène doit se fondre dans la préparation, et cela prend du temps ! Ajoutez le vinaigre de cidre en fin de cuisson.

SOIR

LE BOUILLON DE POULET

Le bouillon de poulet nécessite un temps de cuisson plus réduit que le bouillon précédemment proposé au bœuf (traditionnellement utilisé car apportant plus de saveur).

Préparation : ***10 min***
Cuisson : ***3 h 20***

INGRÉDIENTS

2 blancs de poireaux
2 carottes
3 branches de céleri (avec les feuilles)
2 carcasses de poulet (n'hésitez pas à les demander à votre boucher/volailler)
1 cuisse de poulet
2 cuil. à soupe de vinaigre de cidre
Huile d'olive
Les épices de votre choix : anis étoilé, curcuma, baies de poivre timut, etc.
Sel et poivre du moulin

RECETTE

1. Retirez les premières feuilles des blancs de poireaux, puis rincez-les sous un filet d'eau. Retirez les radicelles, puis coupez-les en tronçons. Épluchez les carottes et les branches de céleri, puis coupez-les grossièrement. Hachez les feuilles de céleri.

2. Cassez les carcasses de poulet en morceaux.

3. Faites revenir les morceaux de carcasse de poulet avec un généreux filet d'huile d'olive dans un faitout à feu vif pendant 10 min. Baissez à feu moyen, puis ajoutez la cuisse de poulet, les légumes et les épices de votre choix. Faites revenir pendant 10 min. Ajoutez 4 litres d'eau dans le faitout, puis assaisonnez de sel et de poivre à votre convenance.

4. Portez à ébullition, puis filtrez à l'aide d'une écumoire les impuretés qui se forment à la surface de l'eau. Baissez ensuite le feu, puis laissez cuire 3 h à feu moyen et à presque couvert (en décalant juste un peu le couvercle afin de laisser un petit espace). Ajoutez le vinaigre de cidre en fin de cuisson.

LE BOUILLON DE LÉGUMES

Cette version végétarienne ne vous apportera pas les bénéfices du collagène lié au* bone broth, *mais elle est tout aussi délicieuse et idéale si vous voulez terminer en légèreté votre journée.

Préparation : ***10 min***
Cuisson : ***3 h 10***

INGRÉDIENTS

2 blancs de poireaux
1 oignon
2 carottes
3 branches de céleri *(avec les feuilles)*
1 navet
2 cuil. à soupe de vinaigre de cidre
Huile d'olive
Sel et poivre du moulin

RECETTE

1. Retirez les premières feuilles des blancs de poireaux, puis rincez-les sous un filet d'eau. Retirez les radicelles, puis coupez-les en tronçons.

2. Épluchez l'oignon, les carottes, les branches de céleri et le navet. Coupez les carottes et le navet grossièrement. Coupez les branches de céleri en petits tronçons, puis hachez grossièrement les feuilles. Coupez l'oignon en deux.

3. Faites revenir les légumes dans un faitout avec l'huile d'olive jusqu'à ce qu'ils brunissent légèrement afin d'en dégager les sucs. Ajoutez 4 litres d'eau dans le faitout. Assaisonnez de sel et de poivre à votre convenance.

4. Laissez cuire à feu moyen pendant 3 h et à presque couvert (en décalant juste un peu le couvercle afin de laisser un petit espace). Ajoutez le vinaigre de cidre en fin de cuisson.

SOIR

SOIR

ZUPA OGORKOWA

On part en Pologne ! Cette recette est un trésor pour votre microbiote. Le liquide de fermentation de vos cornichons (le vinaigre donc) est ultra riche pour nourrir vos bonnes bactéries intestinales et viendra compenser l'impact glycémique occasionné par la pomme de terre.

Préparation : *10 min*

Cuisson : *20 min*

INGRÉDIENTS

Quelques branches de persil
1 grosse pomme de terre
150 g de gros cornichons pickles *(idéalement en saumure dans du sel)*
20 cl de bouillon de légumes
25 cl de liquide de fermentation de gros cornichons pickles
10 cl de crème liquide *(à température ambiante, c'est très important)*
Sel et poivre du moulin

RECETTE

1. Rincez le persil sous un filet d'eau. Effeuillez-le puis hachez-le finement. Épluchez puis coupez la pomme de terre en cubes. Taillez les gros cornichons pickles en brunoise.

2. Versez le bouillon de légumes dans une cocotte. Ajoutez les morceaux de pomme de terre. Portez à ébullition, puis laissez cuire à feu moyen 15 min.

3. Ajoutez le liquide de fermentation des cornichons, la crème liquide, les cornichons et le persil haché. Assaisonnez de sel et de poivre à votre convenance, puis laissez cuire à nouveau 5 min. Servez cette soupe bien chaude.

SOUPE TOM KHA KAI

Petit détour par la Thaïlande. Le poulet proposé dans cette soupe peut être remplacé par des crevettes si le coeur vous en dit, n'hésitez pas !

Préparation : ***10 min***
Cuisson : ***20 min***

INGRÉDIENTS

***50 g d**e poivron *(n'hésitez pas à mélanger les couleurs)*
1 blanc de poulet
1 morceau de galanga de ***2 cm***
1 tige de citronnelle
30 cl de bouillon de poulet
1 feuille de kaffir ou de citronnier *(facultatif)*
10 cl de lait de coco *(à température ambiante, c'est très important)*
Sel et poivre du moulin

RECETTE

1. Coupez le poivron en fines lamelles. Coupez le blanc de poulet en petits morceaux. Épluchez le morceau de galanga. Coupez la tige de citronnelle en deux.

2. Versez le bouillon de poulet dans une casserole. Ajoutez les morceaux de poulet et de galanga, la tige de citronnelle coupée en deux et la feuille de kaffir. Portez à ébullition, puis laissez cuire 15 min à feu moyen. Ajoutez le lait de coco et les morceaux de poivron. Assaisonnez de sel et de poivre à votre convenance, puis laissez cuire à nouveau 5 min.

MATZO BALL SOUP
COMME UN POT-AU-FEU

Petit clin d'oeil à mon amie Annabelle qui raffole de cette soupe : il était donc impossible de ne pas faire un clin d'œil à la cuisine juive. Nous utilisons ici le bouillon d'os de boeuf mais n'importe lequel fera l'affaire. Vous pourrez réutiliser les légumes ayant servi pour la préparation des bouillons pour cette recette.

Préparation : ***10 min***
Cuisson : ***20 min***

INGREDIENTS

1 blanc de poireau
1 carotte
1 branche de céleri
(avec les feuilles)
40 cl de bouillon d'os de bœuf
2 œufs
60 g de farine de matza
Sel et poivre du moulin

RECETTE

1. Si vous ne réutilisez pas les légumes du bouillon, retirez les premières feuilles du blanc de poireau, puis rincez-le sous un filet d'eau. Retirez les radicelles puis coupez-le en tronçons. Épluchez la carotte et la branche de céleri, puis coupez-les grossièrement. Hachez les feuilles de céleri.

2. Versez le bouillon d'os de bœuf et les légumes dans une casserole. Portez à ébullition, puis laissez cuire à feu moyen 15 min.

3. Pendant ce temps, battez les œufs dans un saladier. Assaisonnez de sel et de poivre à votre convenance. Ajoutez la farine de matza en pluie dans les œufs battus. Mélangez jusqu'à l'obtention d'une sorte de pâte assez ferme.

4. Humidifiez-vous les mains puis prélevez une boule de pâte de la taille d'une balle de golf et plongez-la dans le bouillon qui est en train de cuire. Répétez l'opération autant de fois que nécessaire. Laissez cuire les boulettes de matza pendant 5 min ou jusqu'à ce qu'elles remontent à la surface.

SOIR

CRÈME DE CHAMPIGNONS

POUR 1 PERSONNE

Préparation : *15 min*
Cuisson : *35 min environ*

INGRÉDIENTS

300 g de champignons de Paris frais
1 blanc de poireau
Quelques branches de persil
1 gousse d'ail
30 cl de bouillon d'os de bœuf
20 cl de crème liquide *(à température ambiante, c'est très important)*
Vinaigre de cidre
Huile d'olive
Sel et poivre du moulin

RECETTE

1. Coupez le bout des pieds des champignons. Épluchez-les. Rincez-les sous un filet d'eau, puis épongez-les au maximum et coupez-les grossièrement.

2. Retirez les premières feuilles du blanc de poireau, puis rincez-le sous un filet d'eau. Retirez les radicelles, puis coupez-le en tronçons.

3. Rincez les branches de persil sous un filet d'eau, puis effeuillez-les. Hachez-les ensuite finement. Épluchez, dégermez et écrasez la gousse d'ail.

4. Faites revenir les morceaux de poireau, l'ail écrasé et le persil haché quelques minutes dans une cocotte avec un généreux filet d'huile d'olive. Ajoutez les morceaux de champignons, puis laissez revenir 2 ou 3 min. Déglacez avec un léger filet de vinaigre de cidre. Mouillez ensuite avec le bouillon d'os de bœuf et laissez cuire à couvert pendant 20 min. Mixez le tout à l'aide d'un mixeur plongeant avant d'ajouter la crème liquide. Assaisonnez de sel et de poivre à votre convenance. Laissez cuire à nouveau 10 min.

SOIR

Recettes pour le dîner !

SOUPE DE CAROTTE AU MISO

POUR 1 PERSONNE

Préparation : *10 min*
Cuisson : *35 min environ*

INGRÉDIENTS

2 carottes
1 blanc de poireau
1 cuil. à soupe de miso
(idéalement rouge)
50 cl de bouillon de poulet
Huile d'olive
Poivre du moulin

RECETTE

1. Épluchez les carottes puis coupez-les en morceaux. Retirez les premières feuilles du blanc de poireau et rincez-le sous un filet d'eau. Retirez les radicelles, puis coupez-le en tronçons.

2. Faites revenir le miso et les morceaux de carottes et de poireaux quelques minutes dans une cocotte avec un généreux filet d'huile d'olive. Mouillez ensuite avec le bouillon de poulet, puis laissez cuire à couvert pendant 20 min. Mixez le tout à l'aide d'un mixeur plongeant. Assaisonnez de poivre à votre convenance. Laissez cuire à nouveau 10 min.

VELOUTÉ D'ÉPINARDS
AU THYM CITRON

POUR 1 PERSONNE

Préparation : ***10 min***
Cuisson : ***35 min***

INGRÉDIENTS

1 blanc de poireau
250 g d'épinards frais
1 pomme de terre
50 cl de bouillon de légumes
2 branches de thym citron
Huile d'olive
Sel et poivre du moulin

RECETTE

1. Retirez les premières feuilles du blanc de poireau et rincez-le sous un filet d'eau. Retirez les radicelles, et coupez-le en tronçons. Rincez les épinards sous un filet d'eau. Épluchez puis coupez grossièrement la pomme de terre en morceaux.

2. Faites revenir les tronçons de poireau et les épinards quelques minutes dans une cocotte avec un généreux filet d'huile d'olive. Mouillez ensuite avec le bouillon de légumes. Ajoutez les morceaux de pomme de terre. Effeuillez les branches de thym citron dans la cocotte puis laissez cuire à couvert pendant 20 min.

3. Mixez le tout à l'aide d'un mixeur plongeant. Assaisonnez de sel et de poivre à votre convenance. Laissez cuire à nouveau 10 min.

COURGE SPAGHETTI
CARBONARA STYLE

Ce repas est à la fois faible en glucides mais riche en fibre. Si la courge spaghetti est faible en calories, le guanciale lui vous apportera les lipides et un peu de protéines qui vont permettront de vous sentir bien rassasié. Vous pouvez évidemment le remplacer par des lardons végétaux.

POUR 1 PERSONNE

Préparation : ***10 min***
Cuisson : ***55 min***

INGRÉDIENTS

1 courge spaghetti
4 fines tranches de guanciale
10 cl de crème liquide
Pecorino râpé
Vinaigre de cidre
Sel et poivre du moulin

RECETTE

1. Préchauffez le four à 250 °C (th. 8-9). Enfournez la courge coupée en deux sur une plaque allant au four, recouverte de papier sulfurisé. Laissez cuire 45 min. Sortez la courge du four. Vous n'aurez plus qu'à racler la chair en prenant soin de retirer en même temps les pépins. Faites bien attention de ne pas vous brûler. Vous allez voir, une fois cuite, la chair de cette courge a véritablement, et surtout naturellement, la texture et la forme de spaghettis. Réservez.

2. Coupez les tranches de guanciale en petits lardons, puis faites-les revenir dans une poêle à feu moyen jusqu'à coloration. Déglacez avec un léger filet de vinaigre de cidre. Ajoutez ¼ de la chair de courge spaghetti. Mélangez bien, tout en faisant revenir l'ensemble. Pas besoin d'ajouter de matière grasse, le guanciale va rendre du gras.

3. Ajoutez la crème liquide, râpez du pecorino sur l'ensemble et assaisonnez de sel et de poivre, à votre convenance. Mélangez et laissez cuire quelques minutes supplémentaires. Dégustez !

PÂTES AU THON ET À LA HARISSA

Cette recette pour casser les idées reçues sur le fait qu'il est impossible de consommer des pâtes le soir car... c'est faux ! Le tout est de maîtriser sa consommation par la quantité ingérée mais aussi en faisant précéder ce plat de légumes et en les choisissant complètes (un maximum de fibres!). Et vous connaissez la musique, avant un repas riche en glucides comme celui-ci, débutez en sirotant votre cuillère à soupe de vinaigre de cidre diluée dans l'eau pour limiter les dégâts sur votre glycémie.

POUR 1 PERSONNE

Préparation : ***5 min***
Cuisson : ***15 min environ***

INGRÉDIENTS

100 g de tortiglioni complètes *(ces pâtes accrochent bien la sauce, mais vous pouvez bien entendu prendre celles que vous voulez)*
150 g de pulpe de tomate
1 pointe de couteau de harissa
½ boîte de ventrèche de thon
Vinaigre de cidre
Parmesan ou pecorino râpé
Sel

RECETTE

1. Disposez les pâtes dans une casserole d'eau bouillante, puis faites-les cuire comme indiqué sur le paquet, soit environ 10 min. Égouttez-les en réservant 1 louche d'eau de cuisson.

2. Versez cette louche d'eau de cuisson dans une casserole. Ajoutez la pulpe de tomate, la harissa, puis émiettez en tout petits morceaux la ventrèche de thon.

3. Assaisonnez de sel à votre convenance, puis mélangez tout en faisant chauffer cette sauce à feu doux. Ajoutez dedans les pâtes chaudes puis laissez très légèrement chauffer pendant 2 ou 3 min.

4. Dégustez accompagné de parmesan ou de pecorino râpé et d'un léger filet de vinaigre de cidre.

SOIR

SPAGHETTIS DE COURGETTE

À LA SICILIENNE

POUR 1 PERSONNE

Préparation : ***15 min***
Cuisson : ***15 min***
Repos : ***1 nuit*** *(si vous utilisez des sardines surgelées)*

INGRÉDIENTS

3 sardines *(fraîches ou surgelées)*
1 courgette
Quelques branches de persil
1 gousse d'ail
½ citron confit
1 cuil. à soupe de saumure de citron confit
1 cuil. à soupe de chapelure
Parmesan ou pecorino râpé
Huile d'olive
Vinaigre de cidre
Sel et poivre du moulin

RECETTE

1. Si vous utilisez des sardines surgelées, faites-les décongeler une nuit au réfrigérateur.

2. Rincez la courgette et les branches de persil sous un filet d'eau, puis détaillez la courgette en longs spaghettis à l'aide d'un spiralizer à légumes. Effeuillez le persil puis hachez-le finement. Épluchez, dégermez et écrasez la gousse d'ail.

3. Coupez les sardines en petits morceaux. Taillez le citron confit en brunoise.

4. Versez un généreux filet d'huile d'olive dans une poêle, puis ajoutez les morceaux de sardines, l'ail écrasé, le persil haché, la saumure de citron confit et un léger filet de vinaigre de cidre. Assaisonnez de sel et de poivre à votre convenance. Laissez revenir 10 min à feu moyen. Ajoutez les spaghettis de courgette, les cubes de citron confit et la chapelure.

5. Laissez revenir 5 min supplémentaires. Attention, les spaghettis de courgette doivent rester fermes !

6. N'hésitez pas à ajouter 1 cuillerée à soupe de crème fraîche sur chaque assiette avant de déguster le plat accompagné de parmesan ou de pecorino râpé.

GRANITÉ D'AMANDE

Allez une petite touche sucrée pour clôturer ce dîner. Dans un monde idéal, ce serait le seul dessert de mes soirées. Ce granité est une douceur qui mérite une préparation en amont.

POUR 1 PERSONNE

Préparation : ***10 min***
Repos : ***17 h***

INGRÉDIENTS

250 g d'amandes émondées
2 cuil. à soupe d'eau de fleur d'oranger
2 cuil. à soupe de miel

RECETTE

1. Disposez les amandes dans un saladier et mouillez un peu moins qu'à hauteur. Laissez reposer à température ambiante pendant 12 h.

2. Versez les amandes et l'eau dans laquelle elles ont reposé, l'eau de fleur d'oranger et le miel dans la cuve d'un mixeur. Mixez mais laissez de la texture. Il doit rester des morceaux.

3. Versez le liquide ainsi obtenu dans un plat allant au congélateur. Mettez au congélateur, puis grattez le liquide en train de surgeler au bout de 1 h, puis toutes les 30 min pendant 4 h.

4. Vous pouvez, si vous le souhaitez, ajouter une cuillère à café de vinaigre de cidre avant de servir. Dégustez seul ou accompagné de fruits de saison.

BIEN DOR MIR

BIEN DORMIR

Se sentir prédisposé à bien dormir c'est possible en préparant son environnement et en adoptant quelques pratiques visant à vous délasser des pieds à la tête : partage de quelques conseils d'une efficacité remarquable.

RITUEL

pour se préparer à dormir

L'heure d'une routine idéale pour favoriser un sommeil réparateur et de qualité est arrivée, mais avant de l'entamer, il est important de poser le cadre qu'il conviendra de respecter en amont :

→ *Essayer d'éviter de consommer du café dans les 10 heures avant le coucher.*
→ *Viser 8 heures de sommeil... pas 8 heures au lit.*
→ *Faites le choix d'une bonne literie à court et long terme.*

On aime tous les lits d'hôtels XXL, moelleux à souhait et, pourtant, plus ils sont durs, meilleurs ils seront pour votre dos. Les futons japonais traditionnels sont absolument excellents, par exemple. Dormir bien à plat permet d'avoir un alignement optimal de la colonne vertébrale, ce qui, à terme, réduit considérablement le risque de douleurs dorsales et d'autres soucis vertébraux. Cela permet également d'améliorer la circulation sanguine. Enfin, dormir sur une surface dure et plate permettrait également d'observer une meilleure respiration. Bref, le choix du confort immédiat n'est donc pas forcément la meilleure option sur le long terme.

Ceci étant posé, nous pouvons attaquer la routine qui vous fera tomber dans les bras de Morphée de la plus jolie façon qui soit.

CHOYER SON CORPS TOUT ENTIER

→ Commencez par les pieds

On a tendance à tant négliger ceux qui nous ancrent au sol. Pourtant, quelques minutes d'attention consciente au bien-être de nos pieds peuvent nous procurer un sentiment de relâchement et de plénitude totale. Absolument idéal après une longue journée.

En médecine chinoise, l'état des pieds est révélateur de l'état de santé général. La réflexologie plantaire est à ce titre utilisée pour le traitement de maladies, le soulagement de nos organes, mais également pour ce qui nous intéresse ici : *se relaxer*.

LE MASSAGE À LA BALLE DE TENNIS

→ *Armez-vous d'une balle de tennis* que vous ferez rouler sous votre voûte plantaire pendant 1 minute sous chaque pied (voire plus longtemps si affinités). *Faites circuler la balle de haut en bas,* puis de gauche à droite, et insistez progressivement sur les parties les plus douloureuses, il faut que cela reste supportable. De petits massages répétés sur les zones endolories *apaiseront rapidement les douleurs*.

- Je vous conseille, avant de pratiquer ce massage, d'***enduire vos pieds*** au préalable d'une ***huile d'argan*** ou d'amande douce pour leurs propriétés adoucissantes et protectrices. Une pierre, deux coups.

LE BAIN DE PIEDS MÉGA RECONFORTANT AU VINAIGRE DE CIDRE

Le bain de pieds mérite de retrouver sa popularité d'antan ! Pour ce faire, pas besoin de se prendre la tête. Une simple bassine suffit, et si vous n'en avez pas, alors je vous conseille de faire l'acquisition d'un seau en tissu qui, une fois replié, prend moins de place qu'une simple pochette. Une dizaine d'euros très bien investis. Vous verrez que lorsque vous commencerez à vous octroyer du temps pour vous faire un bain de pieds dans votre folle semaine, ses avantages vous encourageront à renouveler l'opération encore et encore.

- ***Remplissez votre bassine de 2 litres d'eau*** à la température que vous désirez. J'aime personnellement avoir de l'eau bien chaude *(environ à 38 degrés)*.
- Si vous avez les pieds enflés et douloureux, sujets aux mauvaises odeurs, aux champignons, ou si vous souhaitez tout simplement avoir une peau douce et bien exfoliée, ajoutez à ces 2 litres d'eau 200 ml de vinaigre de cidre et du sel d'Epsom.
- ***Le sel d'Epsom*** est connu pour être un ***excellent remède pour les douleurs articulaires***, et sa richesse en magnésium permet de favoriser la relaxation. Ajoutez à cela quelques gouttes d'huile essentielle de lavande pour parfaire la routine.
- Délassez-vous quelques instants.
- Vous pourrez constater l'intérêt de l'***exfoliation*** de ce bain de pieds au vinaigre de cidre après quelques minutes. Les peaux mortes auront commencé à se désolidariser de vos pieds. Une râpe à pieds passée sous vos talons permettra d'enlever très facilement les peaux restantes.
- Une fois le bain terminé, ***enveloppez vos pieds*** dans une serviette bien propre et séchez-les en exerçant des petites pressions.

→ *Le reste du corps*

Si vous vous sentez stressé ou avez passé une mauvaise journée, la douche du soir est à privilégier pour ne pas ramener dans votre lit les mauvaises énergies qui vous colleraient à la peau.

Si vous avez tout simplement envie d'un vrai moment cocooning et détente, optez pour un bain relaxant. Quelques bougies, une lumière tamisée, une eau à la température qui vous convient et les mêmes ingrédients que pour le bain de pieds : vinaigre de cidre, sel d'Epsom et huile essentielle de lavande.

Lorsque vous vous prélassez dans un bain au vinaigre de cidre, tout votre corps profite de ses ***bienfaits cutanés*** : de la ***régulation du pH de votre peau*** permettant de lutter contre les problèmes dermatologiques à la ***brillance de vos cheveux*** évoquée dans le rituel du matin. Trente minutes après ce bain, vous trouverez votre ***peau plus douce*** et votre corps parfaitement délassé. À défaut d'une douche ou d'un bain, l'essentiel, le soir, est de surtout bien se démaquiller et de se coucher le visage propre et hydraté. C'est absolument indispensable (coucou le double nettoyage et l'eau cellulaire de pomme évoqués dans la routine matinale) !

PRÉPARER TOUS SES SENS AU SOMMEIL EN OPTIMISANT SON ENVIRONNEMENT

→ *La vue*

Si vous le pouvez, essayez de diminuer progressivement la lumière de l'endroit dans lequel vous vous apprêtez à dormir. Utiliser des lumières douces reproduira de façon artificielle le coucher du soleil et donnera l'illusion à votre corps du respect de son rythme circadien.

Utilisez, si vous en disposez, un variateur de couleur : c'est une excellente option. Le bleu est notamment associé en chromothérapie à la relaxation (une lumière rouge boostera quant à elle la libido, et la verte sera davantage utilisée pour stimuler votre énergie).

→ *L'odorat*

Être entouré d'odeurs qui vous apaisent est un vrai plus pour vous aider à trouver le sommeil. Les huiles essentielles comme la lavande ont fait leurs preuves dans plusieurs études pour leur capacité à calmer le système nerveux. D'autres comme la bergamote, l'ylang-ylang, la camomille ou le bois de cèdre sont tout aussi efficaces et utiles.

Si vous souhaitez vous concocter un spray aromatique pré-dodo, il vous faudra :

Une bouteille spray d'une contenance de ***100 ml***
Un petit entonnoir
De la vodka
Des huiles essentielles
De l'eau distillée

→ *Remplissez de vodka la moitié d'une bouteille spray de 100 ml.* Ajoutez les gouttes d'huiles essentielles de votre choix (vous pouvez choisir 10 gouttes d'huile essentielle de lavande, 10 gouttes d'huile essentielle de camomille et 10 gouttes d'huile essentielle d'ylang-ylang), puis complétez par de l'eau distillée jusqu'à remplir la bouteille. Fermez puis mélangez. Avant d'aller vous coucher, aspergez vos oreillers et vos draps.

Au-delà des odeurs, la ***qualité de l'air ambiant*** va jouer un rôle fondamental dans la qualité de votre sommeil, ne la sous-estimez pas. Alors veillez bien à aérer votre chambre dès que vous le pouvez pour renouveler l'air de la pièce dans laquelle vous dormez.

Si vous vivez en ville, je vous encourage vivement à investir dans un filtre à air. J'en utilise personnellement, et ce depuis des années. Je le mets systématiquement en route 1 heure avant d'aller me coucher. Faire l'acquisition d'une sansevière (jolie plante également connue sous le tendre nom de « langue de belle-mère ») est une autre possibilité. En plus d'être particulièrement belle, elle est réputée pour être la plante idéale des chambres à coucher pour ses capacités dépolluantes et son besoin faible en lumière.

→ *L'ouïe*

Il est parfois difficile de maîtriser les bruits émanant de l'extérieur, et ces distractions peuvent non seulement engendrer un stress dont on se passerait bien, mais également nous empêcher de nous endormir et nous réveiller. J'ai découvert le bruit blanc en gardant ma nièce qui, bébé, était réveillée par le moindre bruit. Les bruits blancs sont des sons continus qui masquent les bruits environnants. Plusieurs applications sur le téléphone en proposent, des playlists sont disponibles sur Internet, et des machines qui en émettent en continu se trouvent assez facilement.

→ *Le goût*

Même après vous être brossé les dents, il se peut que la mauvaise haleine du matin soit au rendez-vous. Alors vous pouvez anticiper en prenant, à votre coucher, un verre d'eau avec quelques gouttes de vinaigre de cidre qui viendront tuer les mauvaises bactéries et favoriser votre bonne hygiène buccale du lendemain matin. L'usage du gratte-langue en amont est également très fortement conseillé dans votre hygiène dentaire du soir, après votre brossage des dents.

→ *Le toucher*

Des draps légers en lin l'été, doux et réconfortants en flanelle l'hiver : voilà le choix pour lequel j'ai personnellement opté. Cela a considérablement changé le plaisir que je prends à m'enrouler dans la couette. Prenez, si vous le pouvez, le temps pour choisir des matières avec lesquelles vous vous sentez à l'aise et qui vous procurent une sensation agréable au toucher.

DÉTENDRE SON ESPRIT

Expérimenter différentes techniques de relaxation et voir laquelle vous procure le plus de détente et de satisfaction est bien le meilleur conseil que je pourrais vous donner pour terminer votre journée. Une chose est certaine, poser son esprit fait le plus grand bien.

Cela peut prendre du temps de trouver la meilleure technique pour vous-même et de tout maîtriser, cela ne doit pas être une source de pression supplémentaire. Alors voilà quelques méthodes que vous pourrez essayer :

→ *Écrire*

Pour réduire l'anxiété, calmer son esprit et améliorer le sommeil, l'acte d'écrire est précieux. Alors prenez votre stylo et écrivez.

Écrivez pour coucher sur le papier quelques phrases de gratitude quant à la journée qui vient de se passer et pour générer des sentiments positifs.

Écrivez pour prendre le temps de planifier la journée de demain, pour poser tous vos tracas et ne plus les avoir dans la tête : écrivez vos peurs, vos listes de choses à faire, vos problèmes et ceux qui pourraient arriver... afin d'éviter qu'ils ne viennent vous tracasser la nuit.

Écrivez simplement tout ce qui vous vient, pour prendre conscience de ce qui se passe en vous : on appelle ça l'écriture intuitive. Cela consiste à poser sans aucune réflexion tout ce qui vous passe par la tête, ce qui permet d'accéder à votre inconscient. En vous laissant aller, cela s'apparente à une activité méditative où l'être dépasse le faire.

→ *Prêter attention à votre corps*

Je vous propose là deux méthodes pour trouver le sommeil rapidement et vous coucher dans un état de totale relaxation.

LA COHÉRENCE CARDIAQUE

Cette technique de relaxation agit directement sur votre cœur et vous permet de contrôler votre état émotionnel afin de vous procurer un état de relaxation physique et émotionnel sans commune mesure.

J'aime cette technique car elle est plus accessible que la méditation pour laquelle on a tendance à se mettre la pression si des pensées indésirables font surface. Là, il vous suffira de compter dans votre tête ou de suivre le flow d'une musique adapté au rythme de la cohérence cardiaque :

→ *Assis ou allongé,* inspirez 5 secondes par le nez en gonflant le ventre, puis expirez aussi fort que vous le pouvez durant 5 secondes par la bouche. Focalisez-vous sur votre cœur. Vous pouvez ajouter une phrase qui fait sens pour vous, comme un mantra, sur l'inspire et l'expire. Pratiquez simplement 5 minutes de cohérence cardiaque (6 respirations par minute, c'est la règle de base).

LE SCAN CORPOREL

C'est en lisant Jon Kabat-Zinn, un professeur américain qui a créé la première clinique du stress, que j'ai découvert la puissance de cette pratique. Il s'agit grossièrement de prêter attention à chacune des parties de votre corps, en remontant de la pointe de vos pieds jusqu'au sommet de votre crâne, sans prêter aucun autre jugement que l'observation de vos sensations. Allongé sur le lit, observez les points de contact de votre corps avec votre matelas, en essayant de porter votre conscience sur chacune des parties de votre corps. Si votre attention s'égare, repositionnez-la et continuez jusqu'à arriver au sommet de votre crâne. L'intérêt est de porter le maximum de focalisation sur vous-même. Il est fortement probable que vous vous endormiez avant même que vous ayez terminé le scan de tout votre corps.

SOIR

Votre journée vient de se terminer et vous pouvez vous féliciter d'avoir eu la curiosité de sortir des sentiers battus pour vous honorer. Ce mode de vie « vinaigre de cidre » est, vous l'aurez compris, un point d'entrée, à travers cet ingrédient, à une pratique holistique globale qui vise à prendre soin de soi en se recentrant sur l'authentique et l'essentiel dont nous nous éloignons trop souvent. Que vous appliquiez un rituel dans son intégralité ou que vous n'en tiriez qu'un geste, il attirera, par voie de conséquence, un enchaînement de pratiques qui vous conduiront à vous épanouir un peu plus chaque jour. C'est la force de l'arrivée dans votre vie d'un petit rien qui peut tout changer.

Prenez soin de vous, bisous.

MARINA

REMERCIEMENTS DE L'AUTRICE

À ma grand-mère Adrienne « les liens du cœur sont parfois plus forts que les liens du sang ».

À mon père et ma mère qui donnent leur vie pour rendre plus belle celle des autres et à ma sœur, la femme de ma vie. À Marcus, qui croit en moi plus que moi-même depuis presque 10 ans, dont le regard et le soutien quotidien sont les plus beaux des cadeaux.

À Devan, mon ami-frère et associé (from La Croix de pierre to the top avec toi) et à toute notre équipe chez Archie qui travaille chaque jour à faire rayonner notre vinaigre de cidre.

À Hocine Sekkiou, Wilfried Launay parmi mes deux plus belles rencontres de ma vie d'entrepreneur et aux contributeurs de ce livre Adriano Farano et Céline Ruffet, heureuse qu'archie m'ait placé sur votre chemin.

À Sabrina Herlory et à l'équipe d'Aromazone ainsi qu'à tous les propriétaires des lieux de nos photos la dîme de giverny, le jardin des plumes et à Angélique d'Esclaibes.

Enfin, merci aux éditions Hachette pour leur confiance, à Lisa et Jeanne pour leur gentillesse et leur patience, et à Annabelle Schachmes pour son accompagnement dans la construction de ce livre.

REMERCIEMENTS DE LA PHOTOGRAPHE

Un immense merci à Lisa Grall et Jeanne Mauboussin pour leur justesse et leur constante bienveillance. Travailler avec vous est un vrai bonheur.

Merci à Picard surgelé pour son soutien sans faille et à l'agence Vianova, Anne Sophie Leinot et Camille Viel pour leur aide et leur amitié si précieuse.

Merci au Bon Marché pour la magnifique vaisselle prêtée pour cet ouvrage et à Pierre Dromson pour son amitié indéfectible.

Merci à la Maison Bernardaud de nous avoir prêté de sublimes pièces pour ce livre. Un merci particulier à Betsy dont le soutien n'a d'égal que la bienveillance. Merci de n'être jamais trés loin mais aussi pour ton amitié réconfortante. Merci à Hélène Huret pour son aide sur ce projet.

MATIN

NOTES

MATIN

NOTES

MIDI

NOTES

NOTES

MIDI

GOÛTER

NOTES

GOÛTER

NOTES

SOIR

NOTES